Catch the Business Blue Ocean

슈클리아!
파키스탄 & 금빛미래

유희종, 황재민, 권용순 지음

* 슈클리아는 '감사합니다'라는 파키스탄어

슈클리아! 파키스탄 & 금빛미래

초판 1쇄 발행 2022년 7월 7일

지은이	유희종, 황재민, 권용순
발행인	권선복
편 집	권보송
디자인	서보미
전자책	서보미
발행처	도서출판 행복에너지
출판등록	제315-2011-000035호
주 소	(07679) 서울특별시 강서구 화곡로 232
전 화	0505-613-6133
팩 스	0303-0799-1560
홈페이지	www.happybook.or.kr
이메일	ksbdata@daum.net

값 20,000원
ISBN 979-11-92486-08-6(13320)

Copyright ⓒ 유희종, 황재민, 권용순, 2022

* 본 도서에 대한 내용 문의, 강의 요청 그리고 신규 강좌 개설, 교육 제휴에 대한 문의처는 다음과 같습니다
  황재민 원장 platinumrule@daum.net

* 이 책은 저작권법에 따라 보호받는 저작물이므로 무단전재와 무단복제를 금지하며, 이 책의 내용을 전부 또는 일부를 이용하시려면 반드시 저작권자와 〈도서출판 행복에너지〉의 서면 동의를 받아야 합니다.

Catch the Business Blue Ocean

슈클리아!
파키스탄 & 금빛미래

유희종, 황재민, 권용순 지음

Shuklia Pakistan!
Pakistan &
Gold Future

The Korea-Pakistan
Economic Exchange
Association
Recommend

The Pakistan
Cultural Center
in Korea
Recommend

Asia Research
Institute (ARI)
Recommend

도서
출판 행복에너지

| 추천사 |

송종환 경남대학교 석좌교수, 2013~2016년 주 파키스탄 대사

잠재력 있는 기회의 나라, 파키스탄

이번에 한국-파키스탄 경제교류협회 회장인 저자가 수년간 파키스탄을 방문한 경험을 바탕으로 『슈클리아! 파키스탄 & 금빛미래』를 발간하게 된 것은 파키스탄의 잠재력을 이해하는 데에 큰 도움이 될 것입니다.

파키스탄을 바로 이해하고 경제, 문화 등 여러 분야에서 한국과 파키스탄 간 교류를 활성화하는 데 크게 기여할 것을 확신합니다. 파키스탄은 1950년 북한의 6·25 남침 전쟁 때 일본보다 많은 액수의 의료 지원을 한국에 보낸 고마운 나라입니다.

이 책을 통해 경제, 문화 방면에서 진출하고자 하는 기업인들과 문화인들, 파키스탄 북서부 지역에 산재한 불교 유적을 찾는 불제자들, 비즈니스맨들, 여행가들, 산악인들과 한국에 사는 파키스탄 국민들이 함께 대한민국의 깃발이 새겨진 항공사 비행기로 파키스탄을 여행할 날을 고대합니다.

무카담

쇼캇 알리 무카담Shaukat Ali Mukadam / 前 주한 파키스탄 대사

이 추천사를 쓰게 되어 매우 영광입니다.

저자는 파키스탄에 수년간 방문하면서 다양한 문화, 요리, 전통, 정치, 경제, 패션 등의 파키스탄 생활방식을 예리하게 관찰했습니다. 저자는 엄청난 열의와 열정으로 인정받을 만한 자신의 경험과 지식을 이 책에 기재하였습니다.

파키스탄은 약 5000년 전 인더스강 주변에서 번성했던 고대 문명인 인더스밸리 문명의 중심지였습니다. 파키스탄을 진정한 시각에서 이해하기 위해서는, 무굴제국Mughal Empire과 같은 파키스탄의 최근 역사적 배경과 파키스탄의 문화, 건축, 요리, 삶의 방식 등과 같은 간략한 통찰력을 독자들에게 제공하는 것이 필수적입니다.

파키스탄은 사계절, 북쪽의 높은 산, 남쪽의 바다, 거대한 강, 사막, 장엄한 호수와 울창한 숲을 즐기는 나라입니다.

오늘날 파키스탄은 무역과 중요한 해운로의 교차로라는 지정학적 위치에 있습니다. 파키스탄 사람들은 한국 사람들을 매우 존경합니다.

저자와 이 책의 출판에 관련된 모든 분들에게 진심으로 축하인사를 전하며, 이 책을 꼭 읽어보기를 독자들에게 권합니다.

| 알사드 | 무하마드 알사드 Dr. Muhammad Irshad
캐피탈 앤 캐피톨 회장
Capital and Capitol (Consulting Group)
Private Limited 의 Chairman |
|---|---|

　　이 책을 통해 한국에서 미개척 상태로 남아 있는 파키스탄에 대해 관심을 갖게 된 점에 대해 감사드립니다.

　　파키스탄은 2억 4천만 명 이상의 인구가 거주하고 있으며 약 70%의 젊은 층과 30세 이하의 사람들이 살고 있다고 말씀 드린 바 있습니다. 한국의 기업가 정신과 기술을 통해서 넘쳐나는 이 인구는 새로운 브랜드와 기업 대 기업, 사람 대 사람 기반 양국을 발전시키는 새로운 길이자 게임 체인저가 될 수 있습니다. 이는 역사적으로 존재했던 '실크로드'와 비교하여 '황금길'을 만들어가는 전조기 될 것입니다.

　　여러 차례 방문을 통해 이해한 파키스탄의 상황에 대한 저자의 지식은 한국과 그 밖의 사업에 관심이 있는 모든 다양한 사람들이 활용할 수 있는 보물창고입니다. 저자의 진지한 접근에 깊은 감명을 받았습니다.

| **박교순** | 전 파키스탄 국립 파티마진나 여자대학교 초빙교수,
간다라(Gandara) 문화예술협회 GACA 사무총장 |

파키스탄은 아시아지역에 속하고 우리나라와 역사·문화적으로 매우 밀접한 관계가 있음에도 불구하고 너무 모른다는 건 세계화를 살아가는 이 시대에 아쉬운 점이다.

저자는 수년간 파키스탄을 오고 가면서 다양한 파키스탄 사람들과의 만남을 통해 애정을 갖게 되었다고 한다. 그러면서 자신이 파키스탄에 해야 될 일이 무엇인지를 스스로 인식하여 파키스탄-한국 민간경제교류협회를 만들어 민간 경제교류의 시스템을 세웠고, 그 선행된 조건으로 문화가 있어야 한다는 것을 실제 행동에 옮기고 있어 바로 세계화를 살아가는 주인공 된 삶을 사는 것이 아닌가.

그동안 파키스탄이 현재 이슬람교권인 나라라는 이유인지 우리나라 사람들이 파키스탄에 대하여 정서적으로 동떨어진 나라같이 여기고 너무 모르고 있는 게 사실이다.

다양한 분야에서 서로 소통하고 발전하기 위한 넓은 길을 닦아 나갈 수 있도록 하는 데 이 책이 촉진제가 될 것임을 확신한다.

| 1부 서문 |

나는 파키스탄에 방문할 때마다 자주 듣는 소리가 있다. 바로 "슈클리아"이다. '슈클리아'는 파키스탄 우르두어로 '감사합니다'라는 말이다. 이 말에서처럼 이곳에서 감사함을 표현하는 사람들에게 자연스럽게 관심과 애정이 생겼고 어떤 의무감 내지는 사명감이 마음속에 자리 잡게 되었다.

그러면서 파키스탄이 점점 세밀하게 보이기 시작했고 이에 대한 지식도 조금씩 쌓이기 시작하였다. 그동안 한국에서 사업하면서 답답했던 현실의 장벽들을 파키스탄과의 관계에서 찾아보고자 하는 욕구마저 있었다.

파키스탄을 방문할 때마다 많은 사람들을 만났고 개인관계들이 넓고 두텁게 이어졌다. 한국인의 심연에 자리 잡고 있는 문화적 감정인 정情을 파키스탄인에게서 교차적으로 느끼게 되면서, 이곳에 대한 더 깊은 관심과 열정을 품게 되었다.

파키스탄 사람들은 한국과 한국 사람들을 무척 좋아한다. 한국에 대해서도 많은 것을 알고 있다. 특히 한국의 사극 드라마와 K-POP을 아주 좋아한다. 시대적, 정서적으로 많은 공감대를 이루는 것 같다. 웬만한 아줌마들도 "안녕하세요? 감사합니다."라고 말할 정도이다.

파키스탄의 젊은이들은 한국의 발전과 문화, 한국어에 대한 관심도 많다. 거리에서 한국 사람들을 보면 그냥 지나치지 않고, 웃으며 인사를 건네기도 한다.

내가 공항 주변이나 공원, 관광지, 길거리에서 그들을 마주치면 한참을 쳐다보기도 하고 사진을 찍자고 하기도 한다. 마치 내가 유명인이 되어있는 느낌이다. 그들의 인사법에서 알 수 있듯이 다정스럽게 포옹을 하며 볼을 비비고 이어서 악수도 빼놓지 않고 나눈다. 나는 한동안 악수하는 것까지는 챙기지 못했다. 그들의 잔잔한 스킨십에서 인간관계의 애정이 넘쳐나는 습관을 발견했다.

어느 날부터인가, 나는 파키스탄을 사랑한다고 말하고 있었다. 파키스탄 전체가 깊이 뿌리 내리는 순간이었다. 이제는 파키스탄의 누님, 형제, 가족, 친구 같은 사람들이 생겼고 그들에 대한 연민이 가슴 속에 잔잔히 남아있다.

지금까지 파키스탄에 대해 깊게 알게 해주고, 안내해주고, 같이 사업하는 많은 사람들이 있다. 쇼캇 무카담 대사, 알사드 박사, 하룬길 의원, 포지아 여사, 콰지 회장, 샤킬 등 일일이 거론하지 못하는 많은 사람들에게 감사드린다.

함께 책을 집필한 황재민 원장, 자문위원 권용순 박사, 그리고 파키스탄에 동행해준 김재종 고문, 파키스탄 한류문화공연 추진위원장 민동석 총장, 파키스탄문화원 설립관련 송종한 대사, 박교순 교수, 한국파키스탄경제교류협회 장근조 상임고문, 김성일 사무국장 등 많은 멤버들, 정보를 찾아주고 정리해준 하림 씨, 수진 씨에게 감사드린다.

2022년 7월
대표저자 **유희종**
공동저자 **권용순**

| 2부 서문 |

본서本書는 크게 1부와 2부로 구성되어 있다. 유희종 대표저자와 권용순 공동저자의 1부 그리고 황재민 대표저자의 2부는 각각 독립적이면서도 전체적으로는 집필 취지의 최적화를 지향하였다. 즉 상호 유기적 맥락의 골격骨格을 형성하고 있다. 1부는 블루오션의 신시장인 파키스탄과 관련한 다양한 내용을 포괄적으로 담았다. 이와 함께 2부에서는 본서의 집필 취지 중 하나인 성장·발전을 달성하기 위한 국가와 기업 그리고 지역地域이 필연적으로 선택해야 할 리더 및 전략에 대한 핵심 주제를 압축적으로 다루고 있다.

리더십은 리더만의 전유물專有物이 아니다. 리더십은 조직 목표의 달성을 위해 생산적으로 활동할 수 있도록 조직 구성원들을 동기부여하고 권한위임 속에 영향력을 주며 지도하는 과정으로 집단과 조직의 중요한 자산이다. 따라서 모든 유형의 조직 내지 집단의 발전을 위해서는 정합整合적이고 유효有效한 리더십을 발휘할 수 있는 리더leader가 필요하다. 일례

一例로 다음과 같은 시점時點에 대응하는 리더의 결정 그리고 전략이 자못 궁금하다.

- 초대형 M&A merger & acquisition, 기업인수합병 시 최종 단계에서 특정 주주그룹이 불쑥 나타나 거센 저항과 함께 난해한 요구사항을 무리하게 제시할 때
- 자신의 소속 지역구에 쓰레기 소각장 건립 문제를 두고 이해관계자 집단과의 지역이기주의 논쟁이 가열될 때
- 매우 중요한 프로젝트 회의에 선정된 구성원들 그 누구도 초반부터 나서려고 하지 않을 때
- 어린 두 자녀가 축하용 Cake를 앞에 두고 자신의 입장에서 더 크게 나누어 먹겠다고 격렬한 말다툼을 하고 있을 때

영어 어원語源으로 풀어서 보면 리더leader는 고내古代 영어 'lithan'에서 파생된 것이다. 앵글로색슨어의 '리탄lithan'은 '가다to go'라는 뜻으로 좋은 결과를 얻기 위해 목표를 세워 나아가는 것을 의미하였다. 이와 같이 리더와 리더십은 움직임을 나타내는 동적인 개념 그리고 동시에 보다 적극적인 쪽으로 나아가게 하는 속성이 있기 때문에 리더와 리더십은 동태성動態性 및 방향성方向性을 동시에 지닌 개념으로 해석할 수 있다.

1부 서문

선사prehistory시대에는 부족 단위로 양¥을 방목하면서 생활한 것으로 추정된다. 그런데 그 당시 양을 기르는 것은 쉬운 일이 아니었다. 양의 먹성이 좋아 수천 마리의 양을 초원에 풀어 놓으면 몇 달 만에 초원이 황폐해졌다. 양치기들은 새로운 초원을 찾아서 양들을 몰고 대지大地를 가로질러 이주해야만 했다.

이동 중에 물을 찾거나 먹을 것을 구할 때, 양들에게 이로운 것과 해로운 것을 구분할 줄 아는 전문가가 필요했다. 이러한 길잡이는 자연스럽게 많은 권한을 가지게 되었다. 그 결과 원래 '가다 또는 여행하다'를 지칭하던 고대 영어 lithan에서 파생하여 나온 leader가 '길잡이'와 '여행 가이드'라는 뜻에서 '지도자' 또는 '리더leader'라는 의미로 발전하게 된 것이다.

한편 하급자도 상급자에게 자기의 의견을 관철貫徹하여 수용시켜야 할 때가 있다. 그리고 고객 접점의 근무자가 고객이 구매를 결정하도록 소비자의 구매 상황을 리드lead해야 할 때도 있다. 모두 리더십leadership을 발휘해야 하는 경우인 것이다.

이제는 1인 기업의 '나' 혼자 또는 프리랜서 등은 물론이고 심지어 일반적인 개인까지도 리더십을 발휘해야만 한다. 자주적·주체적 성장 그리고 발전을 위해서는 '나'를 위한 실천적 리더십이 실행되어야 비로소 가능하기 때문이다. 결국 우리 모두는 일종의 '리더'인 셈이다. 그러므로 리더십은 리더가 된 이후에 요구되는 것이 아닌 사회 전반 그리고 일상日常에서 늘 요구되는 핵심적인 자질임을 인식해야 한다.

〈논어論語〉의 '술이편述而篇'을 보면 '삼인행 필유아사 三人行 必有我師'라는 말이 있다. 이는 "세 사람이 같이 가면 그중에는 반드시 나의 스승이 있다"라는 뜻으로 어디에서든지 자신이 본받을 만한 점이 있다는 의미의 내용이다. 즉 "도처到處에 리더와 스승이 있다."는 것이다.

황재민 대표저자가 집필한 2부에서는 리더와 전략의 방대厖大한 내용 중에서 리더가 알아야 할 필수 주제들을 선별하여 다루었음을 밝혀둔다. ㄱ 이유와 배경은 1부와의 특정한 연계성 차원에서, 즉 국가 및 조직의 성장과 발전을 위해서는 추진 주체인 리더와 더불어 전략에 대한 이해가 중요하기 때문이다. 2부는 모두 11장으로 나누어 구성하였다. 리더야말로 우리가 만들어 갈 금빛 미래의 중심임을 강조하면서 전략적 리더십 그리고 리더십의 세부 요소 등을 살펴보기로 한다. 흔쾌하게 출판을 맡아주신 행복에너지 권선복 대표님께 깊은 감사를 드리면서, 향후向後 기회와 여건이 마련된다면 후속편도 기대할 수 있겠다.

2022년 7월

대표저자 **황재민**

PART ONE

1부
파키스탄

집필 저자

유희종 (대표저자) 현)
제1장 ~ 제6장 집필 한국·파키스탄 경제교류협회 회장
주한파키스탄문화원장
㈜엠엠씨피플 회장

권용순 (공동저자) 현) ㈜엠엠씨피플 자문위원
제7장 집필 전) (사)한국청년회의소 연수원장

| 목차 |

추천사 ·4
1부 서문 ·9
2부 서문 ·12

제1장
블루오션 파키스탄

파키스탄에 대해서 ·31　히말라야의 얼음물이 흘러내린다 ·37　파키스탄의 모습 (이슬람 | 라마단 | 파키스탄 상류층의 모습 | PC방, 택배 서비스) ·41　파키스탄에 들어가는 데에 1박 2일 ·48　파키스탄에 가족과 형제가 생겼다(인텔리, 포지아 아바스 여사 | 캐피탈 앤 캐피톨 회장, 알사드 박사 | 한국을 좋아하는 파키스탄 국회의원, 하룬 형제 | 호텔 개발회사 아자르 회장과 그의 형제, 알리프 | 나의 친구이자 비서, 샤킬) ·50　블루오션 파키스탄 ·57

제2장
이제는 경제 발전이 최고다

이제는 경제 발전이 최고다(여성들이 사회·경제의 고급인력으로 자리 잡다 | 집 장사와 땅 장사 | 이제는 경제 발전밖에 없다 | '파코인 라이프스타일' 회사를 설립하다 | 한국—파키스탄 경제 교류를 위하여 | 한국—파키스탄 경제교류협회 설립 | 프랜차이즈 전문, 콰지 그룹 | 파키스탄과의 줌 회의) ·62 **서울과 비슷한 맥도날드 가격**(이슬라마바드의 쇼핑몰 | 높은 현금 사용률, 간편 결제 시장으로 | 서울과 비슷한 맥도날드 가격 | 더 많은 쇼핑몰 센터가 있어야! | 2층 고급 주택이 서울의 집값만큼이나! | 빌딩건설이 현대화 되고 있다 | 대학가 주변에 원룸, 투룸이 인기) ·79

제3장
문화는 장벽이 없다

파키스탄에서 부는 한류 바람(12살 미리암이 한국 문화에 빠지다 | 아줌마도 "안녕하세요, 감사합니다" | 사극을 더 좋아하는 파키스탄 여성들 | K-Pop 가수의 사진이 길거리에 도배되다) ·94 **한류문화축제를 기획하다**(1위 시청률 GEO TV | GEO TV와 협약체결 | BIG IMAGE EXPO | 이슬라마바드 상공 회의소 포럼 | 한류 중심 엔터테인먼트 채팅 플랫폼, "NAYA" | 사우디아라비아 한류공연 | 한류공연은 홍보·마케팅 효과를 극대화한다 ·101 **문화는 장벽이 없다**(파키스탄의 정(情) 문화 | 한국을 사랑하는 무카담 | 노래를 좋아하는 택시 운전사, 아때!) ·111 **주한 파키스탄 문화원을 열기 위해**(파키스탄의 날 축제) ·118

제4장
부딪쳐서 걷지 못하는 거리

부딪쳐서 걷지 못하는 거리 ·126 한국 건설기업이 400km 거리에 도로를 깔다 ·129 한국기업이 핸드폰을 생산 ·136 한국 자동차 3종 출시 ·138 파키스탄에 과자 판매 ·141 인기 많은 한국 전자제품 ·143

제5장
버스 10대 가지고
A노선을 만들면 어떨까?

크면 좋은지 알고 큰 프로젝트를 들고 다니다(큰 프로젝트를 자랑삼아 들고 다니다 | 파키스탄 국민주택 500만 호 주택 공급 프로그램 | 태양광 시스템으로 전기 상황이 좋아졌다 | 파키스탄 국립 기술대학에 한국 관련 프로그램 만들기 | 의과대학과 병원 설립) ·148 버스 10대 가지고 A노선을 만들면 어떨까?(자가용을 렌터카로 허용 | 통일호 같은 철도 | 한국산 엔진오일이 인기) ·157 왓슨 매장에 한국 화장품이 없어요!(한국형 모텔이 있다면? | 물티슈, 화장지 비즈니스?) ·164 지금 정통 세일 회사가 필요하다(집에 있는 여인들 | 고급 주택을 지키는 사설 경호 업체) ·169

제6장
골드로드 파키스탄

세계 5위의 면화 생산국가 ·175 핑크솔트의 최대 생산지 ·179 주력 수출품목 가죽 ·181 매력적인 한국의 페인트 그리고 벽지 시장 ·184 고품질 덩어리 크로마이트 ·187 파키스탄의 보석, 루비와 사파이어 ·190 자연산 망고를 맛보다 ·192 밀가루가 주식인데 베이커리 가게는! ·193

제7장
미래 국가 발전과 6차 산업

제3당에서 총리가 나오다 ·200 석탄 광산에는 채굴 장비가 부족하다 202 6차 산업 발전 육성 ·204 기계화 농업으로 대규모 식량 생산을! ·208 지능형 농장의 등장, 스마트팜 ·210 한국 새마을 운동의 보급을! ·214

PART TWO

2부
금빛 미래

집필 저자

황재민 (대표저자)

현)
Asia Research Institute 원장
파키스탄경제사회문화포럼 원장
한국미래과학진흥원 원장
한국융합미래교육연구원 원장
국민노동정책교육개발원 원장
한국어인공지능학회 고문

| 목차 |

제1장

금빛 미래의 중심은 리더

리더십 사례 및 시사점 · 221 리더와 리더십 · 225

제2장

전략적 리더십

리더와 전략적 리더십 · 232 전략적 리더의 기대 요소 · 234

제3장
이노베이션의 개념 및 범위

혁신의 연원(淵源) · 238 혁신의 범위 및 확장 · 243

제4장
이노베이션의 주요 포인트

혁신의 원천 · 248 혁신의 성공 · 250

제5장
리더의 유효성

리더의 역할 · 256 리더의 유형 및 사례 · 257 효율적 리더십 · 260

제6장
리더십 요소 – 진정성

신뢰 기반 진정성 · 264   역할 모형 사례 · 266

제7장
리더십 요소 – 결정력

단호한 결정력 · 270   양질의 의사결정 · 271   결정에 대한 책임 · 272

제8장
리더십 요소 – 집중력

최우선 순위의 업무에 집중 · 276   시간 관리 · 277

제9장
리더십 요소
- 의사소통과 현장 중시

소통의 활성화 ·282 현장 중시 ·286

제10장
리더십 요소 - 진취성

도전적 성취 ·290

제11장
리더십 요소 - 비전

리더와 비전 ·294

참고문헌 ·300
출간후기 ·312

PART ONE
1부
파키스탄

파키스탄에 대해서 ·31

히말라야의 얼음물이 흘러내린다 ·37

파키스탄의 모습(이슬람 | 라마단 | 파키스탄 상류층의 모습 | PC방, 택배 서비스) ·41

파키스탄에 들어가는 데에 1박 2일 ·48

파키스탄에 가족과 형제가 생겼다(인텔리, 포지아 아바스 여사 | 캐피탈 앤 캐피톨 회장, 알사드 박사 | 한국을 좋아하는 파키스탄 국회의원, 하룬 형제! | 호텔 개발회사 아자르 회장과 그의 형제, 알리프 | 나의 친구이자 비서, 샤킴) ·50

블루오션 파키스탄 ·57

제1장

블루오션 파키스탄

| 파키스탄에 대해서

비단길이라고 일컫는 실크로드는 고대 중국과 서역 각국 간에 비단을 비롯한 여러 가지 무역을 하면서 정치·경제·문화를 이어 준 교통로의 총칭이다. 실크로드는 현재 파키스탄과 중국의 신장웨이우얼 자치구를 잇는 포장도로에 일부 남아있다. 이런 역사적인 사실에서 알 수 있듯이 파키스탄은 중앙아시아와 중동 유럽을 잇는 중요한 지리적 요충지이다.

파키스탄은 아시아 서남부에 있는 공화국이며, 중앙의 대부분이 인더스강의 충적평야*로 하류지역은 신드 지방이라고 불리는 사막 지역이다. 중류·상류 일대는 펀자브^{다섯 개의 강} 지방이라고 불리어, 인더스강 본류 외에 젤룸, 체나브, 라비, 베아스, 수틀레지 등 다섯 개의 지류가 흘러 밀, 콩 등의 곡창이 되어 있다. 인도를 제외한 다른 나라들과의 접경지대는 힌두쿠시·술라이만 등의 산맥 및 발루치스탄 고원으로 이루어져 있으며, 인도와의 국경지대는 대부분이 불모의 타르

---

* 충적평야 : 하천에 의해 운반된 자갈, 모래, 진흙 등이 범람하여 연안의 낮은 땅에 퇴적되어 만들어진 평야. 충적 평야라는 명칭은 지질 시대의 마지막 시대, 즉 현대를 일컫는 충적세(沖積世)에서 유래되었다.

사막이다.

다음 이미지는 CIA Central Intelligence Agency, 미국 중앙정보국에서 제공하는 파키스탄 인구 피라미드이다. 수평축을 따라 왼쪽은 남성, 오른쪽은 여성이며 어린 연령대가 맨 아래에, 높은 연령대가 맨 위에 있다.

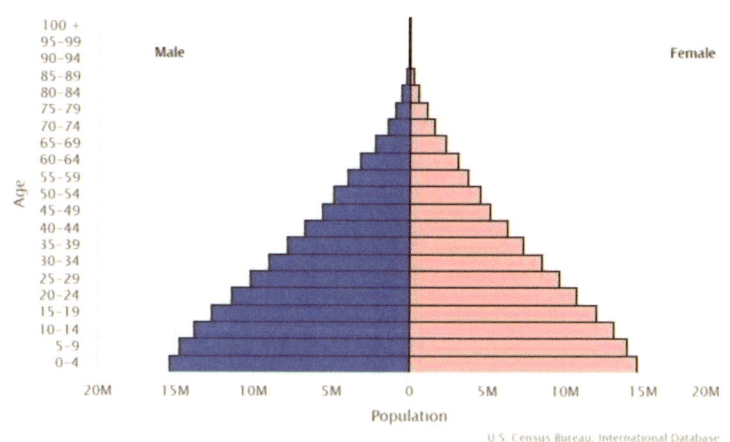

◆ 미국 중앙정보국(CIA)에서 제공하는 파키스탄 인구 피라미드(2022년 추정 데이터)

이미지를 살펴보면 알 수 있듯이 파키스탄의 인구는 2022년을 추정한 데이터로, 242,923,845명으로 추산되었다. 그리고 2022년 현재, 파키스탄의 인구는 실제로 추정데이터와 비슷한 2억 3천 명 정도에 다다른다.

위키백과에 명시되어 있는 내용 조사에 따르면 2017년에 파키스탄의 인구가 207,774,520명이었으며, 전 세계에서 5번째로 인구가 많았다. 이는 세계 인구의 2.8%에 달하는 수치였다. 이어 과거 파키스탄의 1988년과 2017년의 인구수를 비교해둔 것을 보았을 때 57%나 증가했으며, 2016년 기준으로 인구성장률이 1.45% 정도로 남아시아 지역 협력 연합 SAARC 국가들 중 가운데 가장 높은 수치를 기록했다.

2030년경에는 대략 인구가 2억 6,300만 명 정도에 육박할 것으로 예상하고 있지만 비공식적으로는 3억 명의 나라라고 불러도 될 정도로 앞으로 많은 인구 증가가 예상된다. 파키스탄을 지리적 위치로 살펴보았을 때 Y자 형태로 위로는 인구 대국인 중국, 오른쪽으로는 인도가 자리 잡고 있다. 이들 국가들은 10억이 넘는 세계 인구의 1,2위를 차지하고 있는데, 왼쪽 옆에 있는 파키스탄은 이러한 국가들의 영향으로 인구이동이 활발하여 더 많은 인구증가를 예고하고 있다.

파키스탄에 거주하고 있는 사람들 중 인더스 강과 그 지류에 정착해있는 사람이 대부분이며, 펀자브 주에서의 인구 밀도가 가장 높다. 이러한 인구 밀집도는 국가 산업화에 좋다. 또한 평균 연령은 2020년 추정 데이터로 남성은 21.9세, 여성은 22.1세, 총합계 22세로 매우 어린 편이다. 인구의 70%가 30대 이하이며, 평균 수명이 69.67세로 인구 피라미드의 위로 갈수록 인구수가 급격하게 감소하는 모습을 보이고 있다.

파키스탄의 평균 임금은 2020년 기준으로 10~20만 원이며, 고등학교 졸업 시 10만 원, 대학교 졸업 시 20만 원이다. 대졸 사무직 노동자의 월평균 임금 및 초임 등에 대해서는 공식적으로 발표된 수치가 없으나, 일반적으로 대졸 사무직 초임은 고졸 생산직 초임의 약 2배 수준이다.

◆ 사립학교, 학교 신축 중

파키스탄의 학제는 크게 '시립학제'와 '사립학제'로 나뉜다. 시립학제는 초등학교 6년, 중학 3년, 주니어 고등학교 2년, 그리고 시니어 고등학교 2년으로 모두 13년제로 돼 있다.

그리고 대학은 2년제 혹은 4년제 및 5년으로 된 의학학제로 돼 있다. 석사는 한국과 비슷한 2년이며 박사는 최소 3년제다.

사립학제로는 한국의 어린이집 같은 Play Group 1년제, 그 다음에 보육시설Nursery 1년제, 유치원 1년제에 이어 초등학교 5년제, 중학교 3년제, 주니어 고등학교 2년제, 시니어 고등학교 2년제 등 모두 15년제로 돼 있다. 학사/석사/박사는 시립대학 시스템과 거의 똑같은데 대학 2년제 시스템은 없다. 추가로 영국식 학제를 운영하는 학교도 있는데, 주니어 고등학교를 11학년까지 이수한 후, 시니어 고등학교에서 다시 12~13학년을 이수해야 졸업이 되며, 이후 영국 대학 진학 자격이 있다.

파키스탄 헌법에 따르면 남녀 차별 없이 고등학교까지 의무교육으로 국가에서 지원을 해준다. 시립학제로 운영되는 학교는 학비가 거의 무료라고 할 정도로 매우 저렴하다. 정부 지원을 못 받는 대부분의 사립학제 운영 학교의 경우 학비가 매우 비싸지만 경제적 여유만 있다면 학부모들은 자녀를 사립학교로 보내려고 한다.

파키스탄에서 2017-18년에 보고된 학교 인구 조

사 데이터에 따르면 공식 학교 부문에는 223,116개의 기관이 있으며 그중 61%는 초등학교, 21%는 중학교, 14%는 고등학교, 3%는 고등학교이며, 단 1%만이 학위 전문 대학이다. 올라갈수록 수치가 급격히 떨어지며 학교에 다니지 않는 2000만~2200만 명의 어린이가 있고, 대부분은 농촌 지역에 거주하는 가난한 가정의 소녀들이라고 한다.

추가로 파키스탄에서 2003년부터 꾸준히 연구하고 있는 학교의 학습 및 교육 성취 프로그램LEAPS은 20년의 기간에 걸쳐 펀자브 시골의 3개 구역에 걸쳐 무작위로 선택된 120개 마을을 대상으로 진행되고 있는데 현재 20-30세의 여성 2006명을 대상으로 설문조사를 실시한 내용이 있다. 이 여성들은 모두 같은 120개 마을 출신이었고 이 세대에서 농촌 여성의 18.7%만이 교육을 받지 못하고 있으며, 부모 세대의 75.5%보다 낮은 수치로 나타났다. 50%가 초등 교육에서 중등 교육에 이르는 교육을 받았으며 이전 세대보다 20%가 증가했다. 그리고 여성의 교육 수준은 일반적으로 하위 수준에서 남성보다 뒤처지지만 상위 수준에서는 여성의 수가 남성보다 많게 나타났다. 남성의 18.4%만이 중등 교육 이상에 도달한 반면 여성의 22.9%가 고등학교에 진학했다.

| 히말라야의 얼음물이 흘러내린다

　　　　파키스탄은 넓은 평지도 있지만, 전 국토의 60% 정도가 산지 또는 고원으로 이루어져 있다. 파키스탄은 크게 북부 고지와 인더스 평원, 발루치스탄Balochistan 세 구역으로 나뉜다. 그중에서 북부 고지는 힌두쿠시Hindu Kush Mts., 카라코람Karakoram, 히말라야산맥과 접하고 있으며, 전 세계에서 두 번째로 높다고 알려진 K2의 6,500m를 넘는 봉우리가 이 지역에만 50여 곳 이상이다.

　　　　북부의 산지는 인더스강의 서북쪽으로 아프가니스탄의 국경을 따라 평행하게 이어지며, 남부의 발루치스탄주에 이르러 남쪽으로 이어져 아라비아해에 도달한다. 파키스탄 북부와 중국 서부 카라코람산맥Karakoram Pass 에 위치한 세계 제2의 고봉孤峰, K2. 히말라야의 깨끗한 물이 흐르는 아름다운 경치의 K2는 세계적인 탐험가들이 죽기 전에 꼭 봐야 할 자연절경 중 하나로 손꼽기도 한다.

　　　　파키스탄에는 또 하나 손꼽을 명소가 있다. 〈바람계

곡의 나우시카〉*의 무대가 되었던 곳, 파키스탄 훈자Hunza이다. 훈자는 인도반도 북서부, 파키스탄령 카슈미르인 길기트 발티스탄에 있는 지역의 이름이다. 이곳은 살구나무 사이로 걷는 천상의 수로길이라는 명칭이 있으며, 세계의 걷고 싶은 길에 꼽힐 정도로 아름다운 풍경 속의 길이다.

파키스탄의 아보타바드에서 중국 신장의 카슈가르까지 뻗어나간 1200km의 카라코람 하이웨이, 히말라야, 힌두쿠시, 카라코람의 거대한 산맥들을 가로지르며 만들어진 이 도로는 20년간 수많은 사람들의 목숨을 앗아간 대공사였다. 그 카라코람 하이웨이를 따라 이슬라마바드에서 버스를 타고 북쪽으로 열다섯 시간 이상을 달리면 훈자 계곡을 만날 수 있다.

훈자 계곡은 7790m의 라카포시 산의 발치를 적시는 훈자 강을 따라 형성되었으며, 이 계곡의 중심에 자리한 카리마바드, 해발고도 2438m의 고지에 각 계절마다 과일나무들이 피우는 꽃과 흰 설산으로 끝내주는 절경이 있다. 한때 이 지역 사람들의 장수와 건강으로 인해 세계 3대 장수마을로 조명을

----

* 〈바람계곡의 나우시카〉 : 일본의 미야자키 하야오 감독의 영화로 바람계곡의 공주 나우시카가 환경오염으로 황폐해진 지구를 구원하는 내용의 1984년 애니메이션 영화.

받기도 했던 곳이다.

훈자의 생활은 계곡의 가파른 경사로를 따라 인간이 만든 수로에 기대어 있다. 과일나무들의 물 대기는 물론, 옥수수나 밀 같은 곡류의 생산, 땔감이나 목재용 나무들의 성장까지 수로를 따라 이어지는 길은 천상의 트레킹Trekking 코스이며, 여러 사람들에게 인기 있다.

이렇게 곳곳에 절경이 펼쳐져있는 파키스탄의 주변에는 탄, 탄, 탄. 8개의 스탄 국가들이 있다. '스탄'이라는 말은 중앙아시아~서남아시아 일대의 지명에 자주 붙는 접미사이다. 고대 인도아리아어 –sthāna에서 유래한 단어로, "~의 땅"을 의미한다. 본래 페르시아어에서 온 말이지만 실제 쓰임을 보면 이란어군 계열 지역에서만 쓰이는 것은 아니며 매우 광범위하게 사용된다. 근대 이전에는 페르시아어가 동아시아의 한문, 유럽의 라틴어처럼 공용어이자 문화, 학술 언어로 널리 사용되었으며 현지 언어에도 많은 영향을 끼쳤고, 이 영향이 나라 이름에까지 남아서 오늘날의 ~스탄 돌림자 국가들이 탄생한 것이다.

　　　　스탄 국가들에는 아프가니스탄, 우즈베키스탄, 카자흐스탄, 키르기스스탄, 타지키스탄, 투르크메니스탄, 하야스탄이 있고, 다른 국가들은 민족의 이름에 ~스탄을 붙인 형태지만 파키스탄은 무슬림 독립운동에 참여한 지역들의 글자를 따서 만들었다. 나는 이러한 배경지식들을 기반으로 항공 투어를 계획했다. 전 세계 어디든 갔지만, '한국 사람이 가보지 않은 나라는 어디일까'가 그 시초였고, 남아시아에서 가장 오래된 문명인 인더스 문명이 시작된, 4세기 불교 유적지가 있는 파키스탄을 가보게 된 것이다.

　　　　역사적으로 보면 우리나라의 불교는 파키스탄으로부터 전해졌다. 4세기 말 승려 마라난타가 당시 간다라^{현 파키스탄 북쪽 페샤와르} 지역으로부터 불교를 백제에 전했으며, '왕오천축국전_{往五天竺國傳}'을 저술한 혜초 스님도 간다라 지역을 방문했다. 이러한 인연으로 지난 2019년 조계종 대표단이 파키스탄을 방문해 한국 불교의 순례 길을 둘러봤으며 우리 문화재청은 간다라 불교문화 보존과 진흥을 위한 협력 사업을 파키스탄에서 하고 있다.

| 파키스탄의 모습

이슬람

파키스탄은 세계에서 유일하게 '이슬람교' 자체를 국가의 주 설립 목적으로 삼고 건국된 국가이다. 파키스탄은 거룩한 땅이라는 뜻을 갖고 있으며, 무슬림들이 모여 만든 나라라고 할 수 있기에, 이슬람교가 국가 전반에 미치는 영향이 타 국가들과 비교할 수 없을 정도로 지대하며 이슬람 율법과 샤리아Sharia*가 헌법이나 민법보다 더 큰 권위를 가지는 경우가 많다. 건국의 아버지이자 파키스탄의 국부인 무함마드 알리 진나Muhammad Ali Jinnah 또한 이슬람 율법학자들과 굉장히 친밀한 관계였으며, 파키스탄의 건국 세력 역시 압도적 다수가 절대적인 무슬림들이었다.

파키스탄의 첫 총선 직후, 제헌 의회에 의하여 1973년에 첫 헌법이 제정되었다. 이 헌법에는 파키스탄이 이슬람

---

* 샤리아 : 이슬림교의 율법이며 규범 체계. 샤리아는 쿠란과 하디스에 나오는 규칙들과 원리들이며 그 후 판례들과 율법으로 편찬되어 샤리아가 되었다. 샤리아는 이슬람의 기본법으로 이슬람 공동체의 헌법이며 신적인 뜻을 삶의 모든 정황에 적용한 것이다.

공화국이라는 내용과 이슬람교가 파키스탄의 국교라는 내용이 동시에 들어가 있었다. 또한 모든 민법과 형법이 이슬람 율법에 맞추어져야만 하며 이슬람 경전인 쿠란Koran*과 수나Sunnah**를 능가하는 그 어떠한 법적 권위도 없다고 못 박아놓았다. 이 헌법에는 샤리아 법원과 이슬람이념위원회 등 이슬람 경전이나 율법 등을 해석하는 자체적인 종교기관의 창설도 의무토록 해놓았다.

◆ 파키스탄의 대표적인 이슬람 사원

----

* 쿠란(Koran) : 이슬람교의 경전(經典)으로, 이슬람의 예언자 무함마드가 610년 아라비아 반도 메카 근교의 히라(Hira) 산 동굴에서 천사 가브리엘을 통해 처음으로 유일신 알라의 계시를 받은 뒤부터 632년 죽을 때까지 받은 계시를 집대성한 것이다.

** 수나(Sunnah) : 이슬람교의 전통적 습관 또는 규범.

라마단

이슬람의 절기 라마단Ramadan 은 이슬람력의 제9월, 아랍어로 '무더운 달'을 뜻한다. 이슬람의 무함마드 사도가 쿠란을 계시 받은 달이기도 하다.

2022년 라마단은 한국 기준 4월 1일 ~ 30일이며, 나라마다 조금씩 날짜가 다르다. 이슬람력은 윤달이 없는 순태음력으로, 태양력과 오차가 지속적으로 한 방향으로 벌어지기 때문에 라마단의 양력 날짜는 해마다 조금씩 앞당겨진다.

라마단 기간 중에는 해가 떠 있는 동안 금식해야 하며 담배와 성관계도 이 기간 동안에는 금해야 한다. 가톨릭과 정교회에는 이와 비슷하지만 다소 느슨한 사순절이 있어 이와 비교해 보면 좋다. 금식의 시기는 매년 각 나라의 이슬람 중앙 성원에서 공지하는 시간에 따라 지켜지는데, 이는 이슬람력이 음력이므로 달의 움직임을 봐야 하기 때문이다. 대체로 오전 6시~오후 6시까지 금식 의무가 요구된다.

이슬람에서 무슬림이 지켜야 할 5대 의무 중 하나인

라마단 동안의 금식은 '가난한 이들'의 굶주림을 체험하는 동시에 알라에 대한 믿음을 시험한다는 의의를 갖고 있다. 원래는 낮에 금식을 하고 저녁 이후에는 이웃과 음식을 나누며 삶과 음식의 소중함을 되새기라는 의미였지만, 낮에는 참고 저녁에는 먹고 마시는 잔치가 되는 경우가 많다. 먼저 물은 예외사항을 두어 금식에 포함시키지 않는 경우가 많으며, 오전에는 배고프니 대충 일하다가 오후쯤 들어가서 잔다.

◆ 라마단 기간으로 해가 진 후, 이웃들과 음식을 나눠먹고 있다

파키스탄 상류층의 모습

탈레반과 폭탄테러 등으로 위험상황이 많던 파키스탄에서는 2017년 즈음부터 정치가 안정되면서 경제 성장과 함께 중산층이 빠른 속도로 늘고, 글로벌 기업의 진출도 증가했다. 월

스트리트저널WSJ에서 2017년도에 시장조사기관 자료를 인용한 내용에 따르면, 인구 2억 3천 명의 파키스탄에서 중산층이 전체의 38%에 달한다고 한다. 상류층 4%까지 더하면 8400만 명의 거대한 소비시장이 형성된다는 것이다. 이는 독일이나 터키 전체 인구와 맞먹는 규모다.

파키스탄에서 중산층의 조건은 오토바이와 컬러 TV, 냉장고, 세탁기 등을 갖추고 있는지다. 파키스탄 혼다 지사의 조사에 따르면 오토바이를 구매하는 사람의 평균 한 달 수입은 미화 200~300달러다. 서구 기준으로 최저임금을 겨우 벗어난 것에 불과하지만 파키스탄에서는 비교적 여유 있는 삶을 누린다. 실제로 1991년 4%에 불과했던 오토바이 소유자 비율은 2014년 34%까지 치솟았다. 13%였던 세탁기 소유 비율은 같은 기간 47%로 급증했다. 정치가 안정되니 경제 성징도 2017년 기준 지난해와 비교했을 때 5% 성장했다. 이는 지난 8년 사이에 가장 높은 수치였다.

◆ 호텔 뷔페. 상류층들이 다양한 음식을 즐기고 있다

PC방, 택배 서비스

파키스탄은 거대 내수시장을 기반으로 한 3차 서비스 산업의 GDP 기여도가 가장 높다. 파키스탄 재무부 연간경제통감에 따르면 2020/21 회계연도 기준 산업별 GDP 기여도는 1차 산업이 19.2%, 2차 산업이 19.1%, 3차 산업이 61.7%를 차지하고 있다.

파키스탄의 서비스업은 경제 성장의 원동력이기도 하다. 파키스탄은 타 개발도상국들과 비슷하게 소비 중심의 사회이며, 이 덕분에 서비스업의 성장률이 농업이나 산업 부문의 성장률보다도 훨씬 높은 수치를 보이고 있다.

서비스업은 2014년 기준* 관련된 가장 최신 자료 으로 전체의 54%를 차지하고 있으며, 전체 고용인구의 3분의 1 정도가 서비스업에 종사하고 있다. 또한 농업과 제조업을 떠받치는 기본적인 산업이기도 하기에, 현재 파키스탄에서 가장 중요한 산업이라고 할 수도 있다.

파키스탄의 PC방은 게임이 없으며, 간단하게 PC 몇 대가 있고, 주로 학생들의 문서 출력 서비스 역할을 하고 있다. 그리고 파키스탄에서도 전국 택배가 가능하여 며칠 이내에 전국에 택배가 가능하다. 택배 사무실에는 간단한 물건, 서류들이 많다.

◆ 파키스탄의 PC방

◆ 택배 하는 곳, 파키스탄에시 전국 택배가 가능하다

| 파키스탄에 들어가는 데에 1박2일

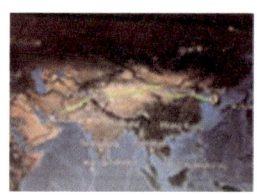

◆ 한국-파키스탄의 직항로가 없다 (가운데는 이슬라마바드 공항의 모습)

거리상으로는 유럽이나 미국보다 가까운 파키스탄이 멀게 느껴지는 이유 중 하나가 비행기 직항 노선이 없다는 것이다. 한국에서 파키스탄까지의 직항 항로가 개설되어 있지 않으며, 갈아타고 경유지에서 몇 시간씩 대기하는 것이 필수라면 개인 여행객들에게는 부담이 될 수밖에 없다.

그래서 보통 1회의 경유를 통해 수도 이슬라마바드를 비롯한 대표 도시 라호르, 카라치를 방문한다. 두바이, 카타르까지 10시간 동안 비행하고, 두바이에서 이슬라마바드까지 2시간 30분이 걸리니 총 비행시간만 12시간 30분, 가는 데 1박 2일이 걸린다.

나는 파키스탄을 방문할 때 중국 베이징을 경유하여

파키스탄으로 갔었는데, 베이징에서 파키스탄 이슬라마바드까지 6시간 30분이 소요됐다. 태국 방콕을 경유해서 다닐 때는 중국 경유보다 1시간 더 걸렸다. 하지만 현재는 코로나19로 인해 UAE의 두바이나 카타르 공항을 거쳐 다니고 있다.

2014년 4월 정홍원 당시 국무총리가 한국 총리로는 처음으로 파키스탄을 방문했었다. 그때 당시에도 파키스탄과 한국 간에 직항편이 없어 아부다비나, 태국, 방콕 등을 경유해야 했기 때문에 대한항공 관계자들을 만나 서울과 파키스탄의 주요 도시를 연결하는 직항편을 운항해달라고 요청했었다.

파키스탄에 취항하면 한국 항공사에게도 도움이 될 거라고 예측했다. 서울에서 서구 국가로 가는 비행기가 파키스탄에 경유할 수 있고, 반대로 파키스탄에서 한국, 일본, 호주 등 동아시아와 태평양 지역으로 가는 승객들을 태우기도 좋으며, 수익이 날 만한 구간이라고 평가받았다. 그래서 나는 파키스탄에 A, B, C 지역을 정해두고 승차권 발매와 함께 격월로 항공 투어 프로그램을 진행하면 어떨지 사업을 구상하고 있다.

| 파키스탄에 가족과 형제가 생겼다

수년 동안 파키스탄을 오가고 머무르며 나에게는 많은 파키스탄 가족과 형제가 생겼다. 여성 인텔리인 포지아 아바스 여사, 파키스탄 부라더인 알사드 박사, 국회의원인 하룬, 나의 프렌드 샤킬에 대해서 잠시 이야기를 해보고자 한다.

인텔리, 포지아 아바스 여사

제일 처음 소개받은 사람인 포지아 아바스 Fozia Abbas 여사, 포지아는 교육부 장관을 역임했던 여성 지식인인 인텔리이다. 사전적 용어로 인텔리란 단순히 설명하면 지식이 있는 사람, 도덕적으로는 사회에 대해 비판적 사고, 연구, 숙고를 통해 규범적인 문제에 대한 해법을 제안해야 할 사람을 뜻한다. 라틴어인 인텔리겐치아 Intelligentsia를 줄인 말인 인텔리라고 부르는 것이며, 이런 사람들을 총칭하여 지식인 계급이라고 한다.

그녀는 파키스탄 여성으로 일찍이 장관까지 했으니 지식인인 것이다. 그녀는 파키스탄의 가난한 사람들의 교육,

여성들의 경제력 향상에 많은 관심을 가지고 있다.

◆ 포지아 여사님과 그의 남편

인텔리인 그녀와 자주 만나면서 문득 파키스탄에 대해 더 알아야겠다고 생각했다. 무작정 이곳, 저곳을 다닌 지 1년이 지난 어느 날 포지아 여사, 여사의 남편과 함께 그녀가 좋아하는 믹스 커피를 마시고 있을 때였다.

포지아 여사가 갑자기 "미스타 유! 당신과 우리는 이제부터 식구야. 그러니 파키스탄을 제2의 고향이라고 생각하고 다녀! 무슨 일이 있으면 얘기해, 얼마든지 도와줄게요!"라며 건배를 제의했다. 포지아 여사가 포지아 누님이 되는 순간이었다.

그녀와 사이가 돈독해짐으로써 그녀의 남편과도 자

연스럽게 가까워졌다. 그녀의 남편은 영국 백작 같은 분이다. 키가 2m에 가깝고 흰색 피부에 영국인같이 생겼다. 외출 시에는 남성 가사도우미들이 머리끝에서 발끝까지 외출 준비를 해주고, 파키스탄 정통 복장에 머플러를 두르고 외출한다.

포지아 누님의 집에는 30명의 남녀 가사도우미가 있다. 내가 머물러 있었을 때에 가사도우미들을 자주 보았는데, 그들은 나를 친절하게 안내해 주었다. 누님은 그들의 자녀들을 대학교까지 공부시켜 모두 분가시켰고, 포지아 누님의 집에는 그들의 부모 세대만 남아있었다. 이렇게 가사도우미들의 자녀들까지 대학교까지 가르치는 멋진 인텔리 누님이다.

◆ 주택 사업계약, 이라크 사업자와 미팅

포지아 아바스 누님은 3대째 석탄 채굴 사업도 하고 있었으며, 나와 주택 사업을 하기 위해 사업 계약을 했다. 그녀는 주변에 많은 인맥들이 있었으며, 비즈니스를 위해 이라크에 사는 사촌을 불렀는데 나에게 신규 사업 탐색 및 전개를 위하여 이라크에 함께 갔다 오자고도 제안했다.

캐피탈 앤 캐피톨 회장, 알사드 박사

◆ 캐피탈 앤 캐피톨 회장인 알사드 박사 나의 형제

포지아 누님에 이어 파키스탄에서의 또 다른 형제가 생겼다. 그의 이름은 알사드Dr Muhammad Irshad, 캐피탈 앤 캐피톨 회장이다. 그는 고위직 공무원을 퇴직하고 국회 내 컨설팅 회사를 설립하여 운영 중이다. 그의 회사에는 많은 박사급 직원들이 국회위원들과 교류하며 일을 하고 있다.

알사드 박사는 항상 나를 비롯한 모두를 특유의 제스처로 친절하게 반겨준다. 한국을 매우 좋아하는 한류 마니아이며, 나와 전화할 때마다 "부라더, 부라더" 하며 형제애를 나누었다. 그의 사위도 공무원으로 의과 대학 학생들의 재교육을 위한 대학 일에 관여하고 있다.

한국을 좋아하는 파키스탄 국회의원, 하룬 형제

한국을 좋아하는 형제, 하룬도 있다. 하룬은 펀자브 국회의원이다. 그는 여당 의원으로 근무하고 있었는데 일하는 모습을 보며 이야기를 나눌 때면 항상 열정적이었다.

한국에 대해서도 많이 알고 있었으며, 그의 부인은 유럽에서 공부하고 왔다. 그의 형제 가족들은 실제로 한국에 수년 동안 살았으며 현재는 남부 도시 카라치에서 여러 가지 제품을 가지고 형제들이 한국과 교역하고 있다. 그는 나에게 파키스탄 여러 곳의 국립기술대학교들과 한국 관련 학과들의 개설과 교환학생, 유학생들에 대해 많은 교육관련 비즈니스를 제안했으며, 한국의 대학들과 협력할 수 있는 곳들을 살피고 있다.

호텔 개발회사 아자르 회장과 그의 형제, 알리프

아자르Azhar의 형님인 알리프Alif 이사는 파키스탄 앰플파워사 총괄이사이다. 파키스탄 비즈니스호텔 및 주택 개발 회사를 운영하고 있었으며, 나와 나이가 같고 친구 같은 사람이다. 그는 항상 유머 감각이 많고 사람들에게 곧잘 웃음과 평안함을 주어 주변의 사람들과 인간관계가 좋다. 알리프 이사는 파키스탄의 중요 요지에 7성급 호텔을 짓기 위해 기획하고 협의하러 다녔으며, 나와 함께 한국의 비즈니스 파트너 회사를 찾았었다.

◆ 알리프의 호텔과 개발회사 아자르 회장 7성급 호텔 리모델링 협의

나의 친구이자 비서, 샤킬

그리고 잊을 수 없는 나의 프렌드 샤킬Shakil, 샤킬은 한국에서 10년간 산업 근로자로 근무하고 파키스탄으로 돌아왔다. 샤킬과는 그가 한국에서 파키스탄으로 돌아갈 때 주한 파키스탄대사관에서 처음 만났다. 내가 비자 때문에 대사관에서 일을 보고 있을 때 아주 친절하게 한국말로 안내해 주었고, 나중에 파키스탄에서 다시 보자고 하였다.

매우 성실하고 부지런한 면모 덕분에 파키스탄 생활을 하면서 그에게 고마움을 느낄 때가 많았다. 그는 항상 나의 곁에서 운전하고 길 안내를 해주면서 나의 비서 역할을 해주었다.

 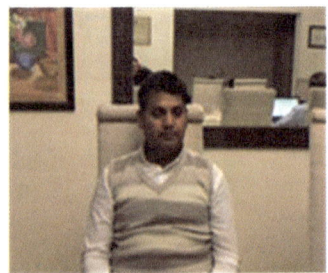

◆ 늘 고마운 친구 샤킬

블루오션 Blue Ocean 파키스탄

파키스탄을 방문하면 할수록 여러 가지 기회가 많다고 생각한다. 나는 한국에서 수많은 개발 과정을 경험하면서 살아왔기 때문에 파키스탄에서 눈과 귀로 보고 들은 모든 것들에 대해서 "어떻게 발전해가면 좋을까?"라는 생각들로 머리가 가득 찼다.

나는 한국과 파키스탄의 많은 사람들에게 나의 비즈니스 아이디어를 맘껏 말해준다. 실제로 그들이 파키스탄에서 비즈니스를 한다면 열정적으로 돕기를 희망한다.

파키스탄은 1인당 국민소득이 매우 적고 외환보유고와 무역규모 또한 작아 적자가 발생한 적도 많지만 지정학적 중요성과 많은 인구, 풍부한 천연자연으로 잠재력을 인정받고 있는 국가이기도 하다.

파키스탄의 잠재력에 대해서는 매우 긍정적인 시각들이 많다. 실제로 파키스탄은 석탄, 가스, 구리, 금, 철광석 등 광물자원이 풍부하고 농산물도 면화, 우유, 밀, 사탕수수,

쌀 등의 품목들에서 높은 생산량을 보인다. 그리고 18~40세가 전체 인구의 57%가 될 정도로 젊은 노동인구가 풍부하다. 매우 많은 인구수와 한반도의 3.6배가 되는 방대한 영토를 갖고 있기 때문에 파키스탄이 가진 잠재력에 대해 여러 가지 근거들이 뒷받침되고 있다.

파키스탄은 지정학적 중요성도 크다. 육지로는 서남아, 중앙아시아, 중국, 중동을 연결하는 통로임과 동시에 해양으로는 페르시아만 입구여서 지정학적으로 대단히 중요한 전략적 위치에 있다.

미국에게는 전략적으로, 중국에게는 안정적 석유 수송로 확보를 위해서 인도양으로의 진출이 불가피하기 때문에 매우 중요한 지역이 된다. 이러한 특장점들에 힘입어 파키스탄은 코로나19로 인한 불확실한 상황 속에서도 2021년에 3.8%의 경제성장률을 기록했다.

제1장 블루오션 파키스탄

PART ONE
1부
파키스탄

이제는 경제 발전이 최고다·62
서울과 비슷한 맥도날드 가격 ·79

제2장

이제는 경제 발전이 최고다

| 이제는 경제 발전이 최고다

여성들이 사회·경제의 고급인력으로 자리 잡다

파키스탄에는 고급인력 여성들이 많다. 그녀들은 주로 해외에서 석·박사를 취득하였으며 사회의 각 분야에서 활동한다. 교육, 의료, 과학, 방송 언론, 정치, 사회 등 이들의 영향력은 날이 갈수록 넓어지고 있다. 이런 상황으로 파키스탄은 여성 인력의 등용과 활용에 있어서 바람직한 것 같다. 그러나 현실적으로는 대부분의 여성들은 직업이 없어 집에서 그냥 지내고 있다.

한국이 70년대 후반에서 80년대 초반에 여성 직업이 부재했었다. 그때 여성들은 화장품 세일, 북세일, 정수기 세일 등으로 사회 초기 경제 활동을 했는데 파키스탄도 그와 비슷한 모습을 보이고 있다. 하지만 현재 일부분 여성 중에서도 고급 인력들이 사회에 자리 잡고 있으며 앞으로의 추세를 기대해 봐도 좋을 것 같다.

세계경제포럼 WEF의 '2017 글로벌젠더격차보고서

GGGR'에 따르면 2016년 파키스탄의 성 평등 지수는 세계 144개국 중 143위를 기록했다. 파키스탄에서 여성의 지위는 모든 생활영역에 있어서 열등할 뿐만 아니라 다소 침체되어 있었다.

남성과 비교해서 여성들에게는 부차적 역할만이 주어졌고, 그 결과로 상이한 역할 형성과 행동 패턴의 구조적 전개가 이루어졌다. 사회구조 역시 여성들에게 그들의 궁극적 과제가 남편, 자녀와 가정 일을 돌보는 것으로 자리매김 하였으며 교육 역시 이러한 경향이 잠재되어있다.

파키스탄의 문맹률의 경우에도 여성이 남성에 비해 상대적으로 높게 나타났다. 1981년의 경우 농촌 여성은 92.7%로 남성의 73.8%보다 높게 나타나며, 도시의 경우도 여성이 62.7%로 남성의 44.7%보다 높게 나타났었다.

과거 이러한 파키스탄은 여성의 사회 진출을 제한시켰는데, 2019년 글로벌 투자은행IB 크레디트스위스가 낸 보고서에서 5.5%의 여성 임원 비율을 나타냈다. 20~30년 전만 해도 파키스탄에서 여성 경찰이 용납되지 않았는데 2014년에는 파키스탄에서 첫 여성 경찰서장이 임명되었고, 파키스탄의 식품 관련 최대 기업인 네슬레에서 경영진의 10%를 여성으로 구성하거나 식품, 농약, 통신, 발전 등의 다양한 사업을 영위하는 파키스탄 대기업인 Engro Corp에서 여성 임원 비율을 10% 이상 유지하고 있는 등 여성들의 사회적인 입지가 커지고 있다. 현재 파키스탄에서는 교육, 연구, 과학, 의료, 기업 정치까지 각 분야에서 고급 인력의 여성들이 활동하고 있다.

◆ 석/박사 의료 과정의 연구원들

집 장사와 땅 장사

파키스탄은 수도 이슬라마바드와 펀자브주 주도인 라호르 사이의 중간 정도인 200km 이내에서 토지주택 개발이 활발하며, 부동산 개발업이 발전하고 있다. 수도권과 도시 중심지의 땅값이 엄청 비싼 편이다. 파키스탄은 현재 정보와 개발아이디어가 있는 사람들이 재력이 있는 사람들과 집 장사, 땅 장사를 많이 하며 고소득을 얻고 있다.

2017년 기준으로 파키스탄 남부에 위치한 카라치 부동산 가격이 급등했다. 2011년 이후 파키스탄의 평균 주택 가격이 두 배 이상 올랐으며, 카라치 부동산 가격은 2016년 이후 23%나 급등하며 최고치를 기록했다.

카라치는 파키스탄의 떠오르는 항구 도시로 약 150만 명이 거주하고 있다. 이곳은 유럽과 아시아를 잇는 지리적 요충지다 보니 중국이 자국의 인프라 연계를 위해 500억 달러 이상 쏟아 붓기도 했다. 중국은 카라치 지역에 지속적인 투자로 2021년 5월에 원자로 운전을 시작하여, 2022년 4월에는 3호기 원전까지 완전 가동 개시했다.

부동산 개발업체 하비브에 따르면 최근 카라치 부동산 수익률은 두바이·런던보다 높다. 하비브 등 부동산 개발업체들은 카라치의 가장 유명한 쇼핑몰과 오피스 건물을 설립하며 가격 급등세를 부추겼고, 특히 중산층들이 부동산 시장에 몰리면서 대부분 개발업체들은 고급 부동산 시장에 집중했다.

현재 파키스탄 수도권에도 고급 주택 개발 붐이 불고 있다. 이곳저곳에서 땅을 개발하여 고급 주택을 짓고 있고, 상류층이 살 수 있는 주택으로 주로 150평 규모와 2층 빌라형 주택이 인기이다. 이러한 주택들은 가격이 만만치 않으며 보통 수억 원대에서 수십억 원대에 이른다.

◆ 지주 공동 사업을 요청하였으며 국가 땅은 50년 이상 임대가 가능하다고 한다

이제는 경제 발전밖에 없다

파키스탄의 경제는 인근 서남아시아 국가들이 이루어 내고 있는 성과에 비해 부진한 편이다. 1972년부터 2010년까지 파키스탄은 연평균 4.9%의 경제 성장을 실현하였다. 그러나 문제는 성장률 자체의 문제보다도 경제 성장이 하향 추세를 유지하고 있다는 점이다. 이는 방글라데시, 인도 등 인근 국가들의 경제 성장이 상향 추세를 보이고 있는 것과는 대조적이다.

2007년까지만 하더라도 수년간 6~7%의 비교적 높은 성장을 실현하였으나, 2008년 세계 경제 위기의 여파와 2010년 대홍수의 영향으로 3~4% 수준으로 하락하였다. 아직도 농업생산이 큰 비중을 차지하고 있는 파키스탄의 경제는 2011년 이후의 가뭄으로 인하여 농업생산이 기대한 만큼 증가하고 있지 않아 여타 경제 부문으로의 확산 효과도 기대하기 어려운 상황이다.

파키스탄은 독립 후 공업화를 추진하는 노력을 기울였고, 그 때문에 한동안 인도보다 경제성장률이 높았던 시기도 있었다. 하지만 이슬람 극단주의자들의 문맹 퇴치 반대 운동과 정치 혼란으로 빛이 바래버렸고, 연료 부족과 그로 인한 만성적인 전력 부족으로 인하여 제조업의 성장이 더딘 것으로 알려졌다.

농업은 인더스 강 유역의 비옥한 펀자브 지역에서 주로 행해진다. 밀과 쌀, 목화 등이 전통적인 파키스탄의 농산품이며 현대에 들어서도 쌀과 목화를 주력 농업 수출품으로 생산하고 있다. 파키스탄에서 생산된 바스마티 쌀은 인도로 수출되어 재포장된 후에 인도산으로 찍혀서 수출된다. 하지만 주식인 밀의 자급은 부족하여 일부를 수입한다. 파키스탄의 인구가 2억이 넘을 정도로 워낙 많은 것이 그 이유이다.

공업은 주로 목화를 이용한 섬유산업에 집중되어 있고 시멘트, 화학비료 등도 생산한다. 1978년부터 제5차 5개년 계획을 실행하였다. 매년 무역수지 적자에서 벗어나질 못하며 국제원조를 받고 있다. 인도와 마찬가지로 전력 수급이 불안정한데다 엎친 데 덮쳐서 아프가니스탄과 국경을 접한 이유로 불안한 점이 많아서 외국 기업들이 투자를 피하고 있어 인도만한 성장세를 보여주지 못하였다.

지금까지 파키스탄은 만성적인 경제난으로 빈곤율과 실업률이 굉장히 높아 해외에서 일하거나 이민 가는 파키스탄인들이 많으며, 해외의 파키스탄인 노동자들이 보내는 돈이 주요 수입원일 정도이기도 했다. 파키스탄에는 2400만 명이 일용직 노동자이며 비공식 부문에서 일하는 '통계에 잡히지 않는 노동자'들이 있다. 5천만 명이 넘는 사람들이 하루에 두 끼를 못 먹는 극빈층이다.

파키스탄은 상대적으로 좋은 경제 인프라, 농업자원, 천연자원, 풍부한 노동력 등의 유리한 조건을 가지고 있다. 그리고 전통적으로 파키스탄은 농업이 국가경제에서 절대적인 비중을 차지하고 있고, 섬유부문 등의 사업을 주력산업으로 들 수 있다.

하지만 최근 파키스탄의 농업 성장은 부진한 상황이고, 주력 산업인 섬유산업의 경쟁력도 약화되고 있다. 국내 정치적 불안, 특히 인근 아프가니스탄에서의 정치사회적 불안이 안정적인 경제 투자 및 기업 환경 조성에 크게 부정적인 영향을 미치고 있는 실정이다.

이를 위해 경제개발 현안과제를 해결해야 하는 중단기적인 처방도 필요하지만, 중장기적이고 지속가능한 경제개발의 기초를 갖추기 위해서는 교육시장과 노동시장 간의 긴밀한 연계성이 필요하다. 이러한 파키스탄에서 유력하게 떠오르는 것은 경제 발전. 넓은 평지와 많은 인력을 활용하여 분명 파키스탄을 부흥하게 만들 수 있을 것이라고 믿어 의심치 않는다.

'파코인 라이프스타일' 회사를 설립하다

나는 포지아 아바스 누님에게 여성들의 경제 활동을 돕는 일로서 화장품 세일에 관련된 사업을 의논하였고, 회사를 설립하게 되었다. 이로써 파키스탄에서의 사업의 첫 발을 내딛게 되었다.

◆ 변호사 사무실 이곳을 통해 사업자등록증을 냈다

회사의 이름은 파코인 라이프스타일. 회사명은 파키스탄Pakistan, 코리아Korea, 라이프스타일LifeStyle의 단어들을 합쳐서 만들었다. 파키스탄의 회사 대표는 쇼캇 무카담Shaukat Mukadam, 그는 주한 파키스탄 대사와 카자흐스탄 대사를 지냈고, 파키스탄에서 나와 함께 회사 일을 하고 있다.

파키스탄의 수많은 하류층들이 경제 발전에 대해 갈급해하고 있다. 그래서 무엇보다도 국가 전반에 경제 발전을 시키는 정권이 앞으로 탄생되고 유지될 것으로 보인다.

한국-파키스탄 경제 교류를 위하여

한국과 파키스탄은 1968년 영사 관계를 시작으로 외교관계를 맺었으며 1983년에는 대사급으로 격상시켰다. 파키스탄은 남한보다 북한과 먼저 대사급 외교 관계를 체결했으며, 특히 미사일 분야에서 북한과 긴밀한 협력 관계를 유지하고 있지만, 의외로 한국과의 관계가 좋다.

한국 내에는 파키스탄인 공동체가 형성되어 있으며,

한국과 파키스탄 둘 다 상임이사국의 증설을 반대하는 커피 클럽에도 가입하여 함께했다. 한국과 파키스탄 간의 경제 교류는 1983년 수교 이후 지속적으로 확대되고 있다.

　　　수교 당시 1,000만 달러에 불과하던 양국 간 교역액은 꾸준히 증가하였다. 1990년대 이후 파키스탄은 한국을 경제발전의 모델로 삼았으며, 한국 정부와 기업의 적극적인 파키스탄 진출로 양국 간의 경제협력 관계가 강화되고 있다. 한국 기업들은 파키스탄의 고속도로 건설·관개시설·발전소를 비롯한 주요 프로젝트에 참여하고, 전자·섬유·화학 부문에서 합작투자회사를 설립하는 등 대파키스탄 진출에 적극적인 자세를 보이고 있다.

한국-파키스탄 경제교류협회 설립

　　　한국에서는 지난 2020년에 파키스탄에서 뜻을 함께하는 사람들이 모여 한국-파키스탄 경제교류협회를 설립했다. 기업인 70여 명이 모였고 행사를 개최했으며, 나는 그곳의 회장으로 활동하고 있다.

◆ 주한 파키스탄 문화원 설립, 파키스탄 한류 공연 협의

◆ 협회 회장 유희종 그 외 임원단

이곳은 파키스탄과 한국의 경제교류를 활성화하자는 취지로 설립한 협회이다. 앞으로 파키스탄의 경제 발전과 한국 중소기업들의 기업 교류 등을 활성화시킬 예정이다.

파키스탄의 문화에 관심을 가진 주변 사람들이 많이 생겨나면서 자연스럽게 주한 파키스탄 문화원 설립에 관해 논의를 하게 되었고, 문화원 설립을 위해 파키스탄 정부의 승인 요청을 하며 주한파키스탄문화원 대사 및 관계자들과도 협의하고 있다.

파키스탄 문화부의 승인을 거쳐 외교 라인을 통해 주한파키스탄대사관으로부터 승인 통지를 받을 예정이다. 파키스탄 문화원은 파키스탄의 문화를 알리고 파키스탄에 한류 문화를 알림과 동시에 양국 언어 교육을 진행할 수 있도록 하며 유학 및 인력 교류, 취업 등의 프로그램을 운영한다.

◆ 공연장과 문화부 국장 – 공연 예술관 관장

프랜차이즈 전문, 콰지 그룹

나는 파키스탄을 방문할 때마다 콰지Qazi 그룹을 방문한다. 콰지 회장님은 막내딸 미리암을 많이 아끼고 사랑하셨는데, 막내딸이 한국어에 관심이 많고 한국말을 잘하려고 노력하고 있었다. 이 때문에 콰지 회장님은 한국 매니아가 되었다.

콰지 그룹은 혼다, 스즈키, 도요타, 버거킹 등 외국계 기업 프랜차이즈 사업을 많이 하고 있다. 나에게 건설 제안을

◆ 콰지 그룹의 콰지 회장

특히 많이 했는데 한류 호텔, 한류 쇼핑몰, 한류 테마파크, 신도시 개발 등을 한국 기업과 하자고 말씀하셨다. 그들은 평화롭고 친환경적이며, 고급스럽지만 저렴한 생활, 주거 프로젝트를 많이 하고 있다. 또한 콰지 그룹은 신도시 및 주택 개발 사업도 많이 하고 있다. 주택 분양 사업으로 전문 마케팅까지 직접 하고 있으며, 큐마케팅 회사를 직영하고 있다.

◆ 콰지 그룹의 매장 방문

◆ 큐마케팅

파키스탄과의 줌 회의

　　파키스탄은 서민층의 주거 마련이 시급하여 해외 기업들에게 주택 건설을 요청하고 있었다. 이 일로 나는 파키스탄의 나야 하우징 주택 부서와 한국의 SH공사와의 줌 미팅을 개최했다. 이러한 줌 회의 방식을 코로나19시대에 효과적으로 많이 쓰게 되었다.

◆ 나야 하우징과 SH공사의 줌 회의

또한 나의 중재로 파키스탄의 국토부 관계자와 임원들과 함께 한국의 건설 회사들과 줌 미팅을 자주했다. 한국 중소건설사들이 파키스탄의 건설 상황에 대해 많은 이해를 갖길 바라고, 진출하는 데에 가이드 역할이 되기를 희망한다.

| 서울과 비슷한 맥도날드 가격

이슬라마바드의 쇼핑몰

수도 이슬라마바드에는 주변 인구에 비해 쇼핑몰이 많지 않다. 경제 발전과 함께 수많은 빌딩들도 많이 생겨야 한다.

3G/4G의 인터넷 보급 확대 등으로 인터넷 이용자가 급격히 증가하면서 소비자들의 소비패턴도 변화하고 있다. 아직까지 파키스탄에서는 결제 보안 문제 등으로 인해 약 85%의 온라인 쇼핑 결제가 배달 시 현금으로 지급하는 방식Cash on Delivery:COD으로 이루어지고 있으며, COD 거래 방식의 편리성과 안정성은 그간 온라인 유통시장 성장의 주요 동인으로 작용해왔다.

이러한 시장 현황으로 인해 파키스탄에서는 온라인 유통망보다는 오프라인 유통망이 더 활성화되어 있다. 파키스탄의 오프라인 유통망은 약 250만 개의 작은 매장 중심의 분산된 구조로 운영되어 왔다. 그간 파키스탄 소비자들은 대형 유통매장이 소재한 도심이나 외곽으로 이동하기보다는 거주지 주변의 작은 규모의 할인매장 이용을 선호하는 소비 형태가 일반적이었으나 다양한 제품에 대한 원스톱one-stop 쇼핑이 가능한 대규모의 도소매상을 선호하는 경향이 점차 심화되어 오프라인 유통망 매출 규모는 계속해서 성장 중에 있다.

현재 가장 대표적인 오프라인 쇼핑몰은 이슬라마바드에 위치한 Centaurus Mall이며, 파키스탄에서 가장 큰 쇼핑센터 중에 하나이다. 이슬라마바드에 위치한 이 쇼핑몰은 멋진 디자인으로 건축되었으며, 250개의 주요 국제 브랜드와 푸드코트 매장이 있다. 또, Giga Mall이라는 이슬라마바드에 위치한 다양한 컬렉션을 보유하고 150개가 넘는 매장을 보유하고 있는 쇼핑몰도 있다. Giga Mall은 Centaurus Mall과 함께 파키스탄의 도시 전체에서 쉽게 접근할 수 있다.

◆ Centaurus Mall (출처 : 위키피디아)

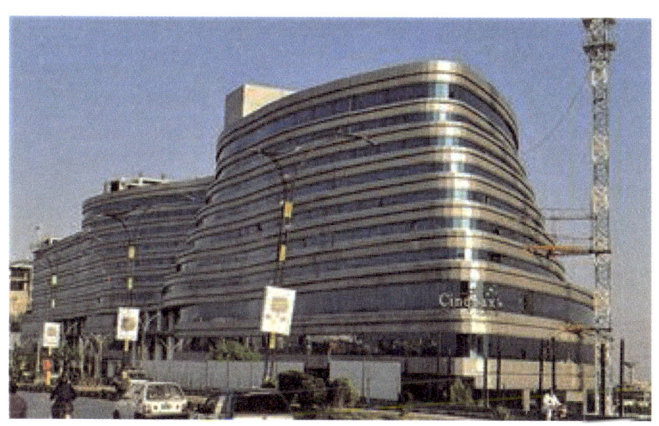

◆ Giya Mall (출처 : TripAdisor)

높은 현금 사용률, 간편 결제 시장으로

　　파키스탄은 이렇게 다양한 온·오프라인 쇼핑 문화가 구축되고 있는 상황이다. 그동안 이곳에서는 결제 보안 문제 등 여러 가지 이슈로 현금 사용률이 매우 높았다. 파키스탄은 아직 카드 사용이 저조하고, 현금 사용률이 거의 대부분이다. 시대에 따라 인터넷과 핸드폰 사용률로 볼 때 간편 결제 시장으로 건너뛰어야 하지 않을까 생각해 본다.

　　신종 코로나바이러스 감염증, 코로나19의 여파로 파키스탄에서는 비대면 거래가 늘면서 인터넷은행과 모바일 뱅킹에 대한 관심이 증가하고 있다. 현지 매체 더익스프레스트리뷴에 따르면 일부는 여전히 현금 인출을 위해 ATM기 사용을 선호하지만, 이체·공과금 납부 온라인 쇼핑 지원 기능으로 많은 파키스탄 사람들이 온라인 및 인터넷 뱅킹 사용으로 전환했다.

　　파키스탄 은행들은 ATM기와 가맹점 및 POS 설치, 은행 지점의 실시간 온라인 지점RTOB으로 전환하는 등 온라인 뱅킹 인프라를 계속 개발했다. 파키스탄 중앙은행은 디지털 거래를 촉진시키기 위해 온라인 뱅킹을 통한 모든 은행 간 이체에 대해 모든 거래 수수료를 면제한다고 강조했다. 파키스탄의 금융기관 계좌 보유율은 2017년 기준 21.3%에 불과했기에 파키스탄의 핀테크 기업들은 금융 접근성을 높이려는 정부 수요와 맞물려 주로 무점포 금융 서비스를 구축하는 것에 집중하고 있다.

약 80%에 육박하는 높은 휴대폰 보급률과 저렴한 데이터 비용 등 2015~2020년 사이 급성장한 디지털 인프라 또한 파키스탄 내 무점포 금융 서비스 구축을 위한 기반이 되었다. 현금 사용률이 높았던 시스템에서 간편 결제 시장으로 변하고 있는 것이다.

서울과 비슷한 맥도날드 가격

◆ 파키스탄의 맥도날드 버거킹 매장

나는 파키스탄을 비즈니스로 다닐 때마다 이슬라마바드에 있는 맥도날드 가게에 들러 햄버거를 먹었다. 파키스탄 지역 형식의 로티에 햄과 야채를 넣어 만든 것을 자주 사 먹었는데 메뉴가 한국의 메뉴판에서 보는 것들과 종류나 가격 차이가 많이 나지 않는 것을 보았다.

빅맥지수라는 단어가 있다. 미국 패스트푸드 회사 맥도날드의 대표적 햄버거 상품인 빅맥Big Mac의 판매가격을 기준으로 하여 각국의 상대적 물가수준과 통화가치를 비교하는 지수인데, 이 빅맥지수는 영국의 경제 주간지 〈이코노미스트 The Economist〉가 1986년 고안했다고 한다.

이 빅맥지수로 살펴봤을 때, 2016년 기준으로 한국이 16위, 파키스탄이 18위로 가격차이가 거의 나지 않는다는 것을 알 수 있다. 미국 달러로 환율을 보면 파키스탄의 화폐 가치가 2013년에는 1달러 당 101.1루피였다면 2020년에는 160.425루피로, 루피의 가치가 많이 오른 것을 볼 수 있다.

도시 주변의 한적한 곳에 단층으로 자리한 맥도날드 가게는 저렴하지 않은 가격과 자가용을 타고 가야 하는 불편함에도 불구하고, 젊은 남녀들이 많이 와서 햄버거를 즐기고 있었다. 파키스탄에서도 우리나라와 마찬가지로 많은 사람들이 맥도날드를 즐겨먹는다.

더 많은 쇼핑몰 센터가 있어야!

파키스탄 중앙은행에 의하면 2018년 기준 전체 유통 시장 규모는 약 1,520억 달러에 해당하며, 소매점 개수는 250만 개가량으로 식음료 및 담배 판매가 전체 판매량의 77%를 차지하고 있다. 2016~2021년도 파키스탄 유통 시장 연평균 성장률은 8.2%로 끊임없이 증가하고 있는데, 이러한 성장의 대부분은 지속적으로 증가하는 청년층 인구에 의해 주도되고 있다.

30세 미만의 주요 소비층이 인구의 약 3분의 2에 해당하는 약 1억 3,500만 명에 이르며, 이들이 향후 소비 주도층으로 나서며 소매 시상 부문의 성장을 이끌어 갈 것으로 예상된다. 또한 주요 3대 도시의 정치적 안전 상황 개선, 인프라의 향상, 운송 및 보조 시설, 상대적으로 저렴한 소비자 가격 및 경제 성장도 소매 부문 성장에 있어 중요한 기여 요인으로 작용했다.

일반적으로 파키스탄 소비자는 소득 수준이 높지 않아 가격에 매우 민감하며, 기본 소득의 42%를 기초식품 구입에 소비하고 있다. 가계 재산은 최근 몇 년 동안 꾸준히 성장하고 있으며, 대내외 정치적 안정성과 안보 조건의 개선 등으로 인해 소비자들이 더 많은 가처분 소득을 가지게 됨에 따라 점차 주말 쇼핑과 전자 제품 소비 등이 증가하는 추세이다.

이에 따라 소비자는 브랜드 제품을 선호하는 경향도 보이고 있으며, 이러한 추세는 특히 의류 등과 같은 품목에서 새로운 브랜드에 대한 수요를 창출하고 있다. 파키스탄의 유통시장은 인구 2억 3천의 거대 내수시장, 젊은 소비층 등으로 인해 빠르게 성장하는 추세이며, 정치적 및 사회적 안정에 대한 기대로 대형 해외 유통 업체의 오프라인 시장 진입도 활발하게 이루어지고 있는 상황이다.

아울러 인터넷 보급망의 확대, 인터넷 결제 방식의 이용 확대와 스마트폰 사용자의 증가로 온라인 유통 시장도 급

속히 성장하고 있다. 이슬라마바드만 생각해봤을 때 인구 300만 명을 예상하는 파키스탄의 수도로, 앞으로 수많은 빌딩 건설과 백화점, 쇼핑몰 등의 확장세가 예상된다.

◆ 파키스탄의 백화점 매장

2층 고급 주택이 서울의 집값만큼이나!

파키스탄 누님이 집을 내놓는다는 이야기를 들었다. 그녀가 내놓은 집은 300평 대지에 2층 고급 빌라 2채로, 매물가가 30억 대이다. 결코 적지 않은 가격이었다.

파키스탄 현지의 주택은 단열이 되어있지 않고, 대개 2층 주택방 4~5개이며 대부분 가구가 비치되어 있지 않다. 가구가 비치된 주택은 임차료에 가구 가격을 전가하여 고가인 경우가 많다.

◆ 파키스탄의 고급 단독 주택

빌딩건설이 현대화되고 있다

파키스탄에서 조그만 건축이나 건설을 할 때, 나무 아시바를 놓고 인력을 통해 2층이나 3층을 올라가는 모습을 자주 본다. 이곳에서 콘크리트를 만드는 기계도 아주 작은 기계를 움직여서 모래, 자갈, 시멘트를 섞는다. 건설 과정에 많은 인력을 동원하여 건물을 짓다 보니 시간이 많이 소요된다.

그런데 요즘 파키스탄에서 새로운 공법으로 고층 건물들을 건설하는 것을 보았다. 타워 크레인들이 보였고, 쇠 파이프를 사용하는 아시바 설치 현장들을 말이다. 기존보다 훨씬 빠르게 건물들의 층수가 올라가고 있다.

◆ 고층 건물들이 지어지고 있는 모습들

2020년 KOTRA의 자료에 따르면 파키스탄 건설산업은 국가 전체 일자리의 약 8%를 차지하는 정책적으로 매우 중요한 산업이라고 일컬었으며, 2019/20 회계연도 기준 파키스탄 GDP의 2.5% 비중을 차지했다. 전년동기 대비 8%의 성장을 보인 약 20억 달러 규모의 산업이며 건설 산업 내 대표적인 품목인 건축자재 및 건설기계의 경우 IMF 구제금융 기간 정부의 무역적자 개선 조치수출 촉진, 수입 억제 등으로 인해 최근 3년간 수입이 감소세를 보였지만 동일한 이유로 파키스탄에서 이라크, 아랍에미리트, 오만, 아프리카 등으로의 수출과 재수출이 활성화되면서 건축 자재 및 건설 기계 수출량은 지속적으로 증가하는 추세이다.

정부 주도 건설 프로젝트에 대한 기대감과 중-파 경제회랑CPEC 프로젝트들이 서서히 재개됨에 따라 기본적인 건설장비에 대한 수요가 증가하고, 굴착기, 로더, 지게차 등 건설 기계는 현장에서 가동률이 높아지고 있다.

대학가 주변에 원룸, 투룸이 인기

대학 주변은 원룸형이나 투룸형이 임대 분양되고 있다. 10여 층 되는 단독형 원룸 빌딩들이 들어서고 있다. 우리가 흔히 볼 수 있는 대학가 주변의 원룸들이다.

원룸들은 깨끗하고 단출한 신혼들에게 인기이다. 내

가 아는 젊은 친구들이 조그만 건설 회사를 하면서 직접 짓기도 하고 임대 분양까지 하고 있다. 내게도 같이 투자해서 건설하고 분양하는 사업을 권하기도 한다.

◆ 파키스탄의 대학가 주변 건물 이미지

PART ONE

1부
파키스탄

파키스탄에서 부는 한류 바람 ·94
한류문화축제를 기획하다 ·101
문화는 장벽이 없다 ·111
주한 파키스탄 문화원을 열기 위해 ·118

제3장

문화는 장벽이 없다

| 파키스탄에서 부는 한류 바람

한류의 열풍은 이곳에도 어김없이 불고 있다. 파키스탄 넷플릭스에서 한국 드라마 '오징어게임'이 한동안 1위를 차지했으며 대사관에서 주재국 사람들을 초청해 오징어 게임 행사를 했을 때 다 같이 하나가 되어 게임을 즐겼다. 특히 아이들은 행사가 끝났음에도 아랑곳하지 않고 '무궁화 꽃이 피었습니다'와 '딱지치기'를 계속했다. 또 행사에 한국 음식으로 떡볶이가 준비되었는데 순식간에 동나서 파키스탄 사람들에게 우선 양보했던 교민들은 맛을 보지 못하는 일도 발생했다고 한다.

파키스탄의 경우 종교적인 성향 등으로 인해 한류의 인기가 높은 여타 국가들에 비해 그다지 높은 편은 아니나, 한국 방문 근로자 및 국립 외대 한국어과 학생들을 중심으로 한국에 대한 관심이 점진적으로 높아졌다. 또한 2016년 1월 P-TV Home에서 방영한 〈대장금〉으로 한국 드라마가 처음 방영되었으며, 2017년에는 HTV에서 하지원 주연의 〈기황후〉가 방영되었다.

2016년 7월에는 K-Pop Festival 예선이 파키스탄

에서 최초로 열렸으며 이후 매년 K-Pop Festival이 대사관 주도로 개최되고 있다. 또한 김유정 작가의 단편소설 '땡볕', '동백꽃, '봄·봄'이 우르두어로 번역되어 Nawa-I-Waqt 신문에 2016년 4월부터 2017년 1월까지 소개된 바 있다.

2012년부터 차단했던 'YouTube'를 허용함에 따라 인터넷으로 한류를 즐기는 젊은이들이 늘어나고 있는 추세이다. Qureshi는 2022년 6월에 4개의 인기 계정인 'Ducky Bhai', 'Something'의 제작자가 참석한 가상 라운드테이블에서 'YouTube'의 300개 이상의 파키스탄 채널에 100만 명이 넘는 구독자가 있으며 전년 대비 35%의 전체 성장을 보였습니다."라고 말했다. 또한 4,500개 이상의 'YouTube' 채널에 10만 명 이상의 구독자가 있으며 45%의 성장률을 기록하고 있다고 했다. YouTube는 파키스탄과 전 세계에서 가장 인기 있는 동영상 플랫폼 중 하나이며, 파키스탄에서도 지난 몇 년 동안 콘텐츠 제작자와 구독자 수가 급증했다.

파키스탄 내 한류는 주로 10대 청소년을 주축으로 핸드폰 사용률의 급격한 증가추세에 띠라 유튜브, 페이스북 등 인터넷 매체를 통해 K-Pop 뮤직비디오 또는 드라마를 시청하며 아이돌과 배우의 사진을 공유하거나 커버댄스 업로드 등을 하는 등의 성향을 보이고 있다.

이슬람 문화의 영향과 함께 서구 대중문화, 예술 등에 관하여 접할 기회가 한정되어 있는 환경에서 K-Pop 등 우리 한류가 인터넷 매체의 발달과 미디어의 영향으로 점차 청소년층에 확산되고 있다. 동시에 전통문화에서도 춤과 노래로 함께 즐기는 유사한 정서가 있어 한류가 자연스럽게 받아들여진 것으로 보인다.

12살 미리암이 한국 문화에 빠지다

미리암은 파키스탄 콰지 그룹의 막내딸로서 아버지 콰지 회장으로부터 사랑을 많이 받고 있었는데, 때로는 아버지로부터 경영 수업을 받는 것 같았다. 미리암은 한국말을 잘하려고 노력했는데, 그 이유는 한국 팝, 한국 드라마를 너무 좋아하기 때문이었다.

어느 날, 나는 미리암에게 한복을 선물해주었는데,

미리암은 한국의 문화와 음식, 패션에 관심이 많았고 나에게 한국 김치로 식사를 대접하겠다고까지 말했다. 콰지 회장은 내가 방문할 때마다 미리암을 찾았고, 항상 동석을 하도록 했다. 그는 나에게 나중에 미리암이 한국에서 유학할 수 있도록 한다고 했다.

◆ 콰지 그룹 회장과 공동 사업 계약, 식사 접대

아줌마도 "안녕하세요, 감사합니다"

파키스탄에서의 한류 열풍은 〈대장금〉으로 시작되었다. 생각보다 이곳 사람들은 동영상 플랫폼의 서비스로 한국의 대장금, 기황후, 이순신, 해신, 허준 등 드라마 사극을 더 많이 시청한다.

파키스탄의 대부분 여성들이 가사일을 하면서 집 안에 있기 때문에 드라마 시청이 많은데, 지나가는 아줌마들도 "안녕하세요", "감사합니다"라고 이야기하는 수준이다. 한국에 대한 관심이 많아 자연스럽게 언어를 습득하게 되는 것 같다.

2006년 파키스탄 국립외국어대학교NUML에 한국어학과가 개설되면서 많은 파키스탄인들이 한국어 공부를 본격적으로 시작할 수 있게 되었다. 파키스탄은 다른 나라에 비해 한국어 교육이 조금 늦은 편이지만 한국어와 한국 문화에 관심을 갖는 이들이 빠른 속도로 증가하고 있다. 이슬라마바드 세종학당의 한 학기 학습자 정원은 200명 남짓인데, 응시자 수가 800명이나 되는 등 파키스탄에서의 한국어가 많은 인기를 끌었다.

사극을 더 좋아하는 파키스탄 여성들

파키스탄 여성들은 주로 가정 내에서 일을 하며, 집에서는 드라마를 즐겨본다. 특히 한국 드라마의 사극을 즐겨본다. 2016년 1월 P-TV Home에서 방영한 〈대장금〉우르두어 더빙으로 한국 드라마가 처음 방영되었으며, 2017년에는 HTV에서 하지원 주연의 〈기황후〉가 방영되었다.

　　　　MBC가 2008년 9월 광주에서 열린 제3회 국제문화창의산업전에서 파키스탄 최대 민간 방송사인 GEO TV와 〈대장금〉을 파키스탄에서 방송하기로 합의하고 MOU를 체결했다. 그동안 파키스탄은 종교적 관습이 엄격해서 외국 드라마를 잘 들여오지 않았었지만 민주화 열기를 타고 방송 시장이 급성장하면서 한국 콘텐츠에 대한 관심이 높아졌다.

K-Pop 가수의 사진이 길거리에 도배되다

　　　　뉴스를 보다 보니 BTS 멤버의 생일을 맞아 카라치의 쇼핑몰에 안팎으로 멤버의 사진들이 도배되어 있었고, 길거리 가로등에 그의 얼굴 사진이 걸려있었다. 전 세계의 한류 문화 확산과 함께, 파키스탄도 젊은 층들에서 한류의 아이돌이 인기이다.

　　　　전 세계가 한류와 한국 가수, BTS에게 열광하고 있

는 모습이 보였다. BTS는 아미Army 까지 생겼고 그들의 굿즈 Goods 가 프랜차이즈화Franchise 되어 있다.

◆ 방탄소년단의 파키스탄 팬들의 모습 (출처 : 파키스탄 BTS Army)

그렇지만 파키스탄은 이슬람 문화로 음주 가무와 폭력적인 것에 대한 규제가 매우 엄격한 곳이다. 대가족 제도로 한국 드라마도 가족 드라마를 즐기고 있다. 드라마나 게임에서도 폭력적인 것에 대해 규제하고 있다.

파키스탄 TV에서는 나에게 한국에서 권할 만한 인기 있는 가족 드라마를 추천해 달라고 협의한 바가 있다. 카라치의 엔터테인먼트 회사는 오래되고 저렴한 사극 드라마나 어린이 TV 콘텐츠가 없냐고 추천해 달라고 한다. 그들은 디즈니의 오래된 프로그램들도 좋다고 한다.

한류문화축제를 기획하다

파키스탄을 다니면서 한류 문화에 대해 좋아하고 열광하는 모습을 보고 무엇보다도 한류 문화를 공연해야겠다고 생각하면서 축제를 기획하고, 추진 위원회를 만들었다. 한류 문화축제 추진 위원회는 전) 유네스코 한국위원회 총장이자 외교부 제2차관인 민동석을 추진 위원장으로 해서 한국 문화 프로덕션 한종래 대표 등으로 구성되어 있다.

◆ 한류문화축제 기획 및 추진 위원회 구성

그리고 파키스탄의 방송 축제 관련 회사들인 GEO TV, BIG IMAGE EXPO, EVEREADY ENT, TVone 등과 협약을 맺고 진행하고 있다. 파키스탄의 GEO TV, BIG IMAGE

EXPO, EVEREADY ENT, 한국의 (주)한국방송문화프로덕션 등 양국 간의 기업들이 참여하여 한국의 가수, 배우, 모델들 그리고 정부 관계자들이 참석하는 공연을 실시하고자 기획하고 있다.

◆ (왼쪽부터) BIG IMAGE EXPO와 MOU 체결
/ EVEREADY 엔터테인먼트와 줌 회의

1위 시청률 GEO TV

GEO TV는 2002년 5월에 설립된 파키스탄 유료 텔레비전 채널이다. 파키스탄 중앙아시아, 중동에 이르기까지 많은 사람들이 시청하고 있으며, 파키스탄에서는 1위의 시청률을 기록하고 있다. 아랍계 부호가 운영하고 있으며 두바이에 본사를 두고 있다.

GEO TV는 GEO TV를 포함하여 여러 파키스탄 기반 채널을 만들었다. GEO ENT부터 뉴스 채널인 GEO NEWS, 헤드라인 뉴스 채널 GEO Tez, 권투·축구·테니스 및 하키에 2차 초점을 두고 주로 크리켓을 위주로 방송하는 스포츠 채널인 Geo Super, GEO ENT 연재물을 방송하는 우르두어 구독 채널인 Geo Kahani 등이 있다.

GEO TV와 협약 체결

파키스탄 한류문화공연을 기획하고 준비하면서 GEO TV와 협약 체결을 했다. GEO TV와는 한류문화콘텐츠 편성 및 송출, 콘텐츠 수출입 사업, 콘텐츠 공동 제작 보급, 콘텐츠 공동 기획 및 공동 행사 추진, 기타 업무연계 및 협력이 필요한 사항에 대한 내용으로 업무 협약을 맺었다.

◆ GEO TV와 협약 체결

BIG IMAGE EXPO

BIG IMAGE EXPO이하 '빅이미지엑스포'는 엔터테인먼트와 행사, 기업 엑스포까지 큰 행사들을 모두 진행하는 회사로, 수만 명이 집객하는 국가적인 대규모의 행사들을 기획하고 운영한다. 지난번에도 3일 행사에 9만 명이 모이고, 총리까지 참석하는 행사를 운영하였다. 파키스탄의 전시 서비스 산업을 선도하고자 하며 맞춤형, 모듈식 및 휴대용 무역 박람회 전시 및 판촉용 디스플레이를 설계 및 시공하는 기업이며, 핵심적으로 전시, 인테리어, 대형 디지털 인쇄 및 건축의 다양한 측면을 다룬다.

◆ 파키스탄, 주택 & 건설 엑스포 2021

◆ 이슬라마바드 최대 IT 하드웨어 및 소프트웨어 기술 엑스포 2021 센타우루스몰

◆ 'Pakistan Pavilion @ SECUREX 2021

◆ DEPO 스탠드 @ Shield 아프리카 2021

이슬라마바드 상공회의소 포럼

　　2020년, 이슬라마바드 상공회의소에 초청되어 포럼하는 기회가 있었다. 억만상사들인 임원들이 모인 자리였다. 나는 그 자리에서 한국과 한국 문화에 대해 이야기를 했고, 문화가 이끄는 힘과 이점들, 세계 문화를 선도하고 있는 한국 문화, 그리고 BTS에 대해서도 많은 얘기들을 나누었다.

◆ 이슬라마바드 상공회의소 의장과 함께!

한류 중심 엔터테인먼트 채팅 플랫폼, "NAYA"

우리는 파키스탄 이슬라마바드에서 한류문화축제 개최를 준비하면서 한류문화중심의 커뮤니티 채팅 플랫폼의 출시를 준비하고 있다. 오프라인에 모이는 젊은이들에게 온라인

앱을 다운로드해서 들어오게 하며, 앱을 통해 추첨이벤트를 하여 무료 공연을 실시하려고 한다. 주변국가에서 몰려오는 10~20대의 젊은이들에게 한류문화를 핵심으로 커뮤니티 그룹을 만들어주고 즐기게 하고 싶다.

사우디아라비아 한류공연

2019년 10월에 사우디아라비아 메인 스타디움에서 BTS 공연이 있었다. 비아랍권 가수로는 최초로 공연을 열어 6만 명에 달하는 팬들을 끌어들였다. 지난 2015년 결성된 BTS 아랍에리미트UAE 팬클럽인 'BTS UAE 아미'는 트위터 팔로워만 5만 명에 달하는 등 활동을 펼치고 있다.

해당 공연에는 주변 국가에서 10~20대 젊은이들이 갑자기 오는 바람에 사우디의 법이 몇 개 바뀌기까지 하는 이변이 발생하였다. 부모와 동반하지 않은 어린아이들의 공연 관람권, 호텔 숙박권, 기도실 마련 등을 해결해 준 것이다. 세계적인 박람회와 함께 두바이에서는 한류 공연이 자주 열린다. 이때 관람하는 주류의 10~20대 젊은이들이 참석하는데 주변 국가와 유럽에서도 많이 온다.

◆ 2019 두바이 한류박람회 (출처 : 서울경제)

◆ 사우디아라비아에서의 방탄소년단 공연 (출처 : 빅히트엔터테인먼트)

미국 음악 스트리밍 플랫폼 스포티파이에 따르면 케이팝이 인기를 끌고 있는 국가로 사우디아라비아, UAE, 이집트, 모로코, 알제리가 꼽힌다. 또한 케이팝의 인기에 힘입어 케이드라마 그리고 한국 영화도 관심을 받고 있다. 아랍권 지역 드라마는 스토리가 너무 비현실적이거나 분위기가 어두운데 이와 달리 케이드라마는 스토리는 물론 음식, 패션, 문화를 잘 조합시켜 아랍권 시청자들의 욕구를 충족시켰다는 평가다.

언어장벽도 큰 문제가 되지 않는다. 팬들이 자발적으로 한국어를 자국어로 번역하기 때문에 아랍권 현지인들도 별 무리 없이 한류를 즐기고 있다. 최근에는 영화 스트리밍 플랫폼 넷플릭스가 UAE 등에서 케이드라마를 적극 밀고 있다.

아랍 매체 아랍뉴스에 따르면 BTS UAE 아미 인스타그램 관리자인 렌씨는 "한류는 음식, 패션, 언어, 문화가 조합된 것으로 우리는 진정으로 한국 문화를 배우고 싶다"라며 "팬클럽 내에서도 BTS가 발매한 모든 것들을 자발적으로 번역하겠다는 사람들이 많다"라고 말했다.

한류공연은 홍보·마케팅 효과를 극대화한다

파키스탄에는 한국의 대표기업으로 6대 대기업이 사업을 시작하면서부터 현지에서 핸드폰, 자동차, 가전제품, 윤활유, 과자, 염료 등의 제품을 생산하고 판매하기 시작했다. 이 행사에는 광고할 수 있는 좋은 기회들로 가득 찼다.

대규모의 행사로 파키스탄과 여러 주변국의 젊은이들에게 한국 기업과 제품을 알릴 수 있는 좋은 기회이다. 전용관이나 전용 부스를 만들어 제품 전시와 홍보를 하는데 수많은 젊은이들이 참석하고 방송으로 방영하게 되면서, 여러 국가에 동시에 홍보하게 되는 효과가 있다.

▎문화는 장벽이 없다

파키스탄과 인도는 오랜 갈등으로 민족이 갈라졌고 등을 맞대며 살고 있다. 그럼에도 불구하고 양국 간에 방송이 공유되고 있어 문화적으로 영향을 받고 있다.

1500km 이상의 국경을 맞대고 있는 아주 가까운 이웃이자, 가장 멀고도 먼 나라. 인도와 파키스탄은 언어, 문화, 혈통에서 가깝지만, 영토분쟁으로 인해 원수와 다름없는 사이이다. 이 두 국가는 매우 좋지 않은 관계를 유지하고 있지만, 의외로 양국 간 문화 교류는 활발하다.

두 나라는 종교를 제외하면 같은 문화권이기 때문에 인적, 물류 왕복이 잦고, 번거로운 절차를 거쳐야 하긴 하지만 어느 정도 왕래가 가능한 상황이다. 문화적으로는 방송으로 양국 간에 많은 것들이 융합되고 있기도 하다.

양국의 국경지대에서는 '우루드*'라는 언어를 함께 사

---

* 우루드어 : 남아시아에서 사용되는 언어 중 하나로 언어 계열로는 인도 유럽 어족, 인도이란어파에 속한다. 현재 파키스탄의 국어로 사용되고 있고, 인도의 많은 무슬림들이 주로 사용하고 있는 언어 중 하나이다.

용하는 사람들이 많고 음식과 복장도 비슷한 점이 아주 많다. 또한 우리의 남과 북처럼 많은 이산가족들이 존재하는 곳이기도 하다.

파키스탄의 정(情) 문화

파키스탄에도 정情 문화가 있다. 내가 파키스탄을 한 번 방문하게 된 것이 인연이 되어 지금까지 수년간 방문하게 된 계기와 마찬가지이다.

파키스탄에서는 가족문화가 강하다. 또 손님, 관광객 및 방문객은 항상 열린 자세로 환영해 준다. 본인들의 집에 초대하는 것에 스스럼없으며, 손님들에게 다과류, 음료, 차를 내어주어 반겨준다. 파키스탄인들은 늦은 밤까지 공항에서 사우디아라비아의 메카로 성지순례를 다녀오는 식구나 친척들을 마중 나왔는데, 꽃다발과 환영인사를 해준다.

◆ 사우디아라비아의 메카로 성지순례를 다녀오는 식구나 친척들을 마중나왔다

◆ 꽃다발과 한복을 선물 파키스탄에는 다른 집에 방문 시, 꽃다발을 주는 문화가 있다

한국을 사랑하는 무카담

　　쇼캇 무카담은 대학에서 과학을 전공한 후, 1989년 파키스탄 외교부에 들어가 암만, 바그다드, 더블린, 바레인에서 외교관 생활을 했다. 2010년에는 주한 파키스탄 대사로 부임하여 2013년까지 3년간 근무했었다. 참 부지런하고 성실한 파키스탄 사람이다.

그의 부지런함과 성실함은 누구에게도 뒤처지지 않을 것이라고 생각한다. 그의 아내도 시아버지 때부터 그렇게 부지런하다고 했다. 무카담은 원래 공무원이었는데, 그래서인지 특히 시간 관리에 철저해서 약속 시간 30분 전부터 약속 장소 앞에서 기다렸다.

그가 주한 파키스탄 대사로 부임한 시절에 한국과 파키스탄의 교역이 제일 많았다. 그는 대사로 부임하는 동안에 경기과학기술대학교에 강사로 초청되고, 인천시청에서 인천경제자유구역에 관한 다양한 의견을 나누며, 천지일보가 주최한 '스마트세계평화포럼2013'에도 참석하여 스마트평화비전 공동 발표자로 단상에 오르는 등 매우 활발한 활동을 했다. 한국에서 보낸 3년간 국내 대기업과의 교류는 물론 봉사, 문화, 사회 단체 및 종단과의 교류도 활발히 진행하였다.

그는 한국 문화에 관심이 많아 여가시간에 박물관이나 문화 공연을 자주 보러 다닌다고 했다. 그는 "3년간의 대사 생활 중 가장 아쉬운 게 한국어 공부를 충분히 하지 못해 좀 더 깊이 한국문화를 이해하지 못한 점"이라고 했다. 그리고 그의 현관문 앞에는 파키스탄 국기와 한국 국기가 나란히 꽂혀있으니, 그의 한국사랑은 정말 진심인 것 같다.

내가 파키스탄을 방문할 때마다 매번 그의 집에서 접대를 받게 되는데, 그의 아내 음식들이 정갈하고 맛있게 차려져있어 늘 고마움을 가진다. 그의 아내는 음식 솜씨가 좋았는데, 그녀는 한국의 전통 가구를 좋아한다고 했다. 그의 자택에는 많은 한국 전통가구들이 있다. 그와 그의 아내 역시 한국과 한국 문화에 대해 관심과 사랑이 있다. 무카담은 현재 MMC PEOPLE 파키스탄 회사의 대표를 맡고 있다.

◆ 쇼캇 무카담과 그의 아내가 차린 음식. 그의 아내는 한국 전통 가구를 좋아한다

노래를 좋아하는 택시 운전사, 아따!

나는 파키스탄에 방문할 때마다 렌터카를 불러 사용하는데, 파키스탄은 렌터카를 사용 시 기사가 함께 온다. 만약에 렌터카만 사용하게 되면 더 비싸다. 렌터카를 다른 사람들이 사용하게 되면 차량의 파손 및 손실이 있기 때문이다. 그래서 안전한 차량관리를 위해 기사가 함께 온다.

렌터카 운전사는 30대 초반의 젊은이였다. 그의 이름은 아따Ahta, 그는 아주 깊은 시골에서 올라온 시골 청년이었는데, 돈을 벌기 위해 택시 운전사와 렌터카 운전을 하고 있다고 했다.

노래를 좋아해서 장거리 운전을 할 때면 파키스탄의 최신 가요들을 들려주면서 곧잘 흥얼거렸다. 그는 노래에 대한 감각이 있어서 노래를 아주 잘한다. 나는 생소한 노래였지만 듣다보니 중독되었고, 그 이후에는 그의 음악이 귓가에 울리고, 듣고 싶어졌다.

◆ 택시운전사 아따. 노래를 좋아하고 잘 부른다

파키스탄은 이슬람 문화의 나라라서 음주 문화가 없다. 그러나 춤과 노래는 인도의 문화가 전파되며 발전하는 것 같다. 인도의 문화가 TV와 방송을 통해 파키스탄의 안방까지 스며들고 있다.

| 주한 파키스탄 문화원을 열기 위해

　　　　　현재 나는 한국에서 파키스탄 문화원 설립을 위해 준비 중이며, 전 주파키스탄 한국 대사관의 송종환 대사께서 적극 돕고 있다. 송종환 대사께서는 2013년부터 2016년까지 주파키스탄 대사관으로 재직하셨으며, 송 대사께서는 2015년 10월을 한국의 달로 정하여 한국과 파키스탄 간의 진정한 이해와 친밀감을 높여 서로 발전하자는 취지하에 다양한 세미나와 문화행사를 가졌다. 이러한 결실을 통하여 드디어 2022년 6월 주한 파키스탄 문화원을 개원開院할 수 있었다.

　　　　　의례적으로 하는 형식적인 행사가 아니라 한국과 파키스탄이 공감할 수 있는 역사, 문화적 배경을 위주로 이 파키스탄 사회에 깊이 파고들 수 있는 세미나와 행사를 가졌으며 한글의 날 행사, 파키스탄 학생들의 한국 홍보, 파키스탄 경제를 일으키자는 경제 세미나, 한복 패션쇼 등이 파키스탄 사람들의 대단한 호응을 받으며 성황리에 마쳤다. 이러한 배경에는 전적으로 송종환 주파키스탄 대사님의 외교관으로서의 전문성과 애국심, 따뜻한 인간애가 있었다.

송종환 전 주파키스탄 대사는 한국-파키스탄 관계에 기여한 공로로 파키스탄 대통령 상을 한국인 최초로 수상한 사람이다. 파키스탄 교민들에게 송종환 대사는 많은 존경을 받았던 인물이며, 현지에 진출한 대기업들뿐만 아니라 공사대금을 받지 못한 중소기업이 대금을 받을 수 있도록 직접 나서서 해결해 준 사례도 있을 만큼 중소기업인들에게까지 좋은 평판을 받았다.

파키스탄-한국주간 행사에 초청되어 온 장관과 각계 인사들에 대한 깍듯한 의전은 물론 청중으로 온 학생들에게까지 배려하는 모습이 인상적이었다는 말도 있다. 이러한 송종환 대사님의 배려가 행사보다 더 의미가 있어 실제적으로 한국 사람들의 따뜻한 인간미를 알리는 기회가 되었다.

또한 박교순 교수도 문화원 설립을 위해 돕고 있다. 박교순 교수는 현 파키스탄 탁실라 국립 엔지니어링 테크놀러지 대학교 University of Engineering &_Technology 간다라 미술 건축 연구소 개원 담당 교수이다. 박교순 교수는 파키스탄 간다라 지역 여행길에서 불상을 만났고, 그 인연을 계기로 여성임에도 이슬람 국가인 파키스탄 유학길에 나서서 간다라 불교 미술

학을 전공, 한국과 파키스탄 간 간다라문화의 든든한 징검다리 역할을 하고 있다.

그녀는 파키스탄 현지에서 간다라 불교문화사를 전공 중이었던 지난 2002년 파키스탄 문화관광부 장관에게 천태종 각 부장 스님들을 초청하도록 한 것을 계기로 한국과 파키스탄 문화교류에 초석을 놓았으며, 이 같은 공로로 지난 2014년 파키스탄의 발전에 각 분야에서 큰 공로를 세운 사람들한테 매년 파키스탄 광복절에 주는 가장 명예로운 상 중 하나인 문화훈장을 수여하기도 했다.

현재 한국에서 산업 근로자로 근무하고 있는 파키스탄인은 대략 10,000명 정도이고, 유학생은 약 2,000명이다. 기타 한국에 있는 파키스탄인과 귀화한 사람들도 많이 보인다.

① 한국 재외동포

주석 참조(자료문의: 통계서비스정책과 통계서비스기획과) [자료문의조: 042-481-2449]

○ 수록기간: 5년 1993 - 2019 / 자료갱신일: 2021-10-12 / 주석정보

(단위: 명)

국가별	2015			2017			2019		
	시민권자+영주권자	일반체류자+유학생	총계	시민권자+영주권자	일반체류자+유학생	총계	시민권자+영주권자	일반체류자+유학생	총계
카자흐스탄	1,521		1,521		1,638	1,638		1,901	1,901
키르기스스탄	8,403	7,268	1,135	18,709	17,703	1,006	18,515	16,968	2,067
라오스	1,133	6	1,127	1,890	6	1,884	3,050	8	3,042
예멘	98	6	92	128	4	124	128	3	125
말레이시아	4,000	60	13,940	12,690	62	12,628	20,861	628	13,051
몽골	24	1	23	29		29	30		30
동티모르	2,284	25	2,259	2,701	32	2,669	2,164	32	2,710
네팔	2,083		2,083	3,106		3,106	3,452	18	3,456
미얀마	645		645	625		625	772	3	816
오만	536		536	340		340	339		339
파키스탄	592	2	590	812	4	781	721	2	719

파키스탄

	남자	여자
	11,336	1,506

◆ 한국에 거주하는 재외동포 현황 (출처: KOSIS 국가통계포털)
◆ 한국에 거주하는 국적별 체류외국인 현황 (출처: KOSIS 국가통계포털)

제3장 문화는 장벽이 없다

국가통계포털인 KOSIS의 수록자료에 따르면 2019년 기준으로 한국에 거주하고 있는 파키스탄인 일반 체류자와 유학생 수는 721명이다. 2020년을 기준으로는 남녀 통틀어 12,842명이다. 문화원 프로그램을 통해 전달되는 시간들은 이들에게 정서적으로 안정감을 주고 현실의 적응력을 높여준다.

파키스탄의 날 축제

파키스탄의 날은 1940년 3월 23일 라호르에서 무슬림이 많이 사는 인도 제국의 지역을 따로 독립시켜달라고 요구한 라호르 결의를 기념하는 파키스탄의 국경일로, 3월 23일이다. 이날은 '라호르 결의' 또는 '파키스탄 결의'라고도 한다. 이슬람교도의 주민이 다수를 차지하는 각 주를 서북인도^{현재의 파키스탄}와 동부인도^{현재의 방글라데시}로 나누어 '자주적이며 주권을 갖는 독립된 단위를 구성한다.'는 정치적 목표를 내걸었다. 인도에 거주하는 이슬람교도의 정치적 지위를 둘러싸고 1930년 후반부터 이미 이슬람교도들 사이에서는 문화적으로 독자적인 민족을 구성한다는 의식이 강화되고 있었는데, 이 결의는 그에 대한 정치적 방향을 제시한 것이었다.

이날에는 대통령, 총리, 국방장관, 군 합참의장 및 군 간부, 고위 인사 등 중요 인물들도 모두 모여 행사를 한다. 2019년 파키스탄의 날 퍼레이드에는 중국, 아제르바이잔, 사우디아라비아, 터키, 바레인 및 스리랑카 등 외국 군대가 참가하고, 각 주의 문화를 보여주는 대표단들이 퍼레이드에 참가하여 화합을 강조하였다.

2022년 3월 23일, 건국 75주년을 기념하는 '2022 파키스탄의 날' 국경일 행사는 광화문에 위치한 포시즌스 호텔 서울 그랜드볼룸 3층에서 열리기도 했다. 이날 행사에는 니빌 무니르 주한 파키스탄 대사와 여러 외교계 인사들이 참석한 가운데 진행되었으며, 축사를 시작으로 파키스탄의 역사, 전통, 문화에 관한 소개 영상과 축하 공연이 이어졌다.

◆ 건국75년 '파키스탄의 날' 행사 (출처 : 스포츠한국)

PART ONE
1부
파키스탄

- 부딪쳐서 걷지 못하는 거리 ·126
- 한국 건설기업이 400km 거리에 도로를 깔다 ·129
- 한국기업이 핸드폰을 생산 ·136
- 한국 자동차 3종 출시 ·138
- 파키스탄에 과자 판매 ·141
- 인기 많은 한국 전자제품 ·143

제4장

부딪쳐서 걷지 못하는 거리

▌부딪쳐서 걷지 못하는 거리

파키스탄은 4개의 주가 있으며, 펀자브 주의 인구가 가장 많고 인구 밀집도도 높다. 강남역 6번 출구에서 나와서 사람들 사이로 걸어가는 것처럼 이곳 거리에도 사람들로 붐벼서 걷지 못할 정도의 거리들이 있다.

과거 인류는 낙타나 말을 타고 이동했으나, 1885년 자동차가 처음 등장한 이후 교통수단의 눈부신 발전을 이룩했다. 하지만 전 세계적인 추세와 달리 파키스탄에서는 여전히 낙타, 당나귀, 말, 황소가 서민들의 삶에서 중요한 교통수단으로 활용되고 있다. 사람이 직접 타고 다니는 것은 물론이고, 무거운 짐을 싣는 데도 쓰인다. 특히 당나귀는 짐을 실어 나르는 일에 많이 쓰이며, 황소는 밭일을 할 때 이용되기도 한다.

파키스탄의 실크로드는 당나귀 한 마리가 간신히 지나갈 수 있을 정도이다. 또한 당나귀가 끄는 수레, 택시 역할을 하는 오토바이 릭쇼가 얽혀 지나다니면서 매우 좁은 거리들에 많은 사람들과 당나귀, 오토바이들이 즐비해 있다.

파키스탄에서 1억 1천만 명이 사는 펀자브주에는, 주도 라호르가 있다. 카라치 다음가는 파키스탄 제2의 도시로서 파키스탄 북동부에 있는 펀자브 주의 주도이며 파키스탄의 정치, 경제, 교통 및 교육의 중심지 중 하나이다. 인도와의 국경 근처에 해당하는 인더스 강의 지류 라비 강의 남쪽에 위치해 있다. 2017년 기준으로 도시의 인구는 1,112만 명이고 인구 밀집도가 매우 높아서 파키스탄이 막 분리 독립되어 나왔을 때 가장 큰 도시임에도 불구하고 거리에 사람들이 가득 차 있다.

이런 사람들이 가득 찬 파키스탄 남부 대도시 카라치에서는 도시를 뒤덮은 스모그로 인해 2021년 11월 기준, 아랍에미리트UAE 두바이와 터키 이스탄불 등으로 향하려던 항공편이 여러 시간 지연된 일이 있었다.

파키스탄 각 도시의 대기오염 상황은 전반적으로 좋지 않지만 특히 라호르의 상황이 심각하다. 곡창지대의 농부들이 11월 중순 시작되는 파종기까지 논밭의 잔여물을 마구 태우는 바람에 엄청난 재가 발생한다. 또 대기오염 저감 장치를 제대로 갖추지 않은 발전소와 노후 공장이 매연을 뿜어내고 도심 빈민층이 난방과 취사를 위해 타이어 등 각종 폐자재를

태운 연기 등이 더해진다.

◆ 파키스탄의 거리

| 한국 건설기업이 400km 거리에
   도로를 깔다

　　　　대우건설이 1991년 수주, 단일공사로는 세계 최대 규모인 총 연장 367km의 파키스탄 고속도로를 6여 년에 걸친 공사 끝에 준공했다. 파키스탄 수도인 이슬라마바드와 파키스탄 제1의 산업도시인 라호르를 잇는 6차선의 이 고속도로는 총공사비가 11억 6천만 달러에 이르는 초대형 프로젝트로, 파키스탄은 물론 서남아시아 최초의 고속도로이다.

　　　　대우건설은 특히 이 공사를 단독으로 설계·시공한 것은 물론, 40%에 이르는 시공자 금융까지 자체 조달하는 등 턴키베이스Turn-key method*로 수주, 건설했다. 대우는 7천여 명에 이르는 기능공의 97%를 현지 인력으로 대체하고 공사의 원활한 수행을 위해 그동안 현장 교육을 통해 신기술을 전수하는 한편 현지 근로자들을 대상으로 국내 현장 연수를 지속적으로 실시해왔다.

----
* 턴키베이스 : 규모의 경제와 전문가가 모든 과정을 총괄하여 수행한다는 좋은 취지의 계약 형태.

대우는 카자흐스탄~아프가니스탄~파키스탄~인도를 잇는 서남아 경제블록의 중심도로이자 파키스탄 경제개발의 대동맥을 건설했다는 데 큰 의미가 있다면서 이번 공사의 성공으로 한국건설의 대규모 공사수행 능력과 기술력을 세계시장에 입증하는 계기가 됐다고 입장을 밝혔다. 그래서 한국은 몰라도 대우를 알고 있는 파키스탄인이 많이 생기기도 했다.

◆ 대우가 91~97년까지 시공한 고속도로를 직접 달리다

가장 최근에는 대우건설이 탄소배출권 판매로 해외 친환경 에너지 시장 개척을 했다. 파키스탄 카슈미르 지역에 위치한 파트린드 수력발전소 사업에서 탄소배출권을 발급받아 이를 판매했으며, 한국수자원공사와 민관합동으로 특수 목적 법인을 설립해 해당 사업을 추진하는 등 파키스탄에 대해 매우 적극적인 태도를 보여주고 있다.

추가로 파키스탄 카슈미르에 있는 '파트린드 수력발전소 사업'을 통해 발급받은 탄소 배출권을 판매해 126억 원의 첫 수익을 올렸다.

이러한 일들로 대우는 파키스탄 현지에서 많은 칭찬을 받으며 잊혀지지 않고 있다. 그중에서 극찬을 받고 있는 대우 익스프레스는 1997년부터 20년간 파키스탄 대중교통 발달에 큰 공을 세우며, 파키스탄 주 정부와 국민들의 지지를 받아 왔다. 현재 대우 익스프레스는 파키스탄 50곳 이상의 도시와 58곳의 터미널을 돌아다니는 350여 대의 버스를 운행하고 있으며, 이용객은 연간 660만에 달한다.

대우 익스프레스는 파키스탄에 선진화된 운송 시스템을 체계적으로 도입한 최초이자 최대의 외국기업이기도 하다. 전국적인 네트워크를 보유하고 있는 유일한 대중교통 업체로 버스의 안전을 책임지는 정비소, 최신식 터미널, 운전자들과 정비 스태프의 교육시설까지 갖추었다. 또한 모바일 어플리케이션을 통한 티켓 구매 서비스를 도입하고 대중교통 산업에 IT 기술을 도입한 선례를 남겼다.

'대우'라는 이름이 파키스탄에서는 '멋있는', '새로운' 이란 의미로 사용되고 있으며, 이런 '대우버스'들의 주차장도 따로 마련해 가지고 있고 한국식 서비스가 파키스탄 사람들에게 큰 호응을 얻었을 뿐 아니라, 여성의 권익 운동에 경종을 일으켰기 때문에 다른 버스들과는 차별되는 요금을 지불하고서도 그 '서비스'를 이용하고자 하는 사람들이 점점 늘어나고 있다.

파키스탄에는 한국의 시내버스를 본떠서 만들어진 대우버스가 있다면, '메트로버스Metro Bus'도 있다. 메트로버스는 말 그대로 메트로와 버스의 속성 두 가지를 모두 갖춘 교통수단이다. 기존의 버스가 도심 곳곳에 버스정류장을 배치해 접근성을 높였다면, 메트로버스는 조금 다르다.

도시의 주요 지역에만 노선을 배치한 뒤 지하철처럼 일정한 배차시간을 두고 버스 전용 차도만 따라 버스를 운영한다. 이 방식은 교통체증의 영향을 받지 않아 버스의 탁 트인 승차감을 맛볼 수 있다. 또한 메트로버스는 기존의 버스 시스템과 다르게 IT 지능화 시스템으로 버스를 운용한다. 티켓 발권, 탑승자 관리 등을 정부 시스템으로 관리하여 더욱더 스마트한 서비스를 제공하는 버스이다.

◆ 파키스탄 시내·외 버스

　　메트로버스의 정류장은 대부분 도로 바로 옆에 있는 경우가 많으며, 도로를 가로질러 갈 수는 없어 정류장 건너편 입구를 통해 들어가야 한다. 한번 탈 수 있는 편도 토큰은 20루피, 한화로 약 180원 정도 된다. 매번 토큰을 구매하는 게 불편하다면 교통카드를 구매할 수도 있다. 교통카드는 130루피, 한화 약 1,200원이고 필요한 만큼 충전해서 쓸 수 있다.

　　메트로버스 운행시간은 오전 6시부터 오후 8시까지며, 배차 간격은 약 4~8분 정도로 짧기 때문에 자리가 부족하거나 사람이 붐비는 경우는 거의 없다. 또한 이슬라마바드는 계획 행정 도시로 교통체증 현상을 줄일 수 있는 다양한 정책을 펴고 있다. 릭샤와 같은 교통수단을 금지하고, 지하철 대신에 메트로버스를 도입하는 등의 이슬라마바드의 쾌적한 도시 경관을 유지하기 위해 노력하고 있다.

파키스탄에는 무늬가 독특한 화물트럭도 있다. 파키스탄 사람들은 화물차를 비롯한 차량에 그림을 그려 넣고 화려하게 장식하는 것으로 유명하다. 수도 카라치에만 5만여 명이 '트럭아트Truck Art'라 불리는 차량 장식업에 종사한다.

파키스탄에서 트럭과 버스는 움직이는 캔버스이다. 코란에서 유명 배우들까지 가지 각색의 문양들로 장식한 차량들은 거리를 화려하게 수놓는다. '트럭 아트'로 불리고 있는 이러한 그림과 장식들은 파키스탄 전역에서 손쉽게 발견할 수 있다.

이러한 '트럭 아트'는 아무렇게나 그려 넣은 듯하지만, 나름의 규칙이 있다. 운전석 앞과 윗부분은 신성한 영역으로 이슬람 사원이나 코란의 구절 등 종교적 형상이 자리하고, 옆면은 산과 호수, 동물 등 자연 풍경이 주이다. 재미있는 부분은 차량의 뒷부분인데, 꽃이나 나무 등으로 둘러싸인 가운데에 파키스탄인들이 좋아하는 대중 스타들의 초상화가 차지하고 있다. 영화배우나 크리켓 영웅, 전투기 조종사 심지어 다이애나 왕비도 있다.

운전사에게 트럭은 생계수단이자 삶의 전부이기 때문에 장식에 들이는 그들의 정성은 그만큼 각별하다. 차 한 대를 장식하는 데는 6주에서 10주 정도가 걸린다. 비용 역시 만만치 않아서 최소 2000달러 이상 드는데, 이는 운전사들의 2년치 연봉에 해당한다. 막대한 비용을 들이면서도 운전사들이 장식을 하는 것은 외양이 화려할수록 손님들을 끌 수 있기 때문이다. 장식이 마음에 들지 않으면 불운이 찾아온다고 믿기 때문에 최대한 화려하게 장식하기를 원한다.

파키스탄의 '트럭 아트'는 2002년 미국 스미소니언 박물관에서 개최한 민속 페스티벌에 초청된 후 그 예술성을 인정받아 영구 전시물로 등록되어 전시되고 있다.

◆ 파키스탄의 '트럭 아트'

한국기업이 핸드폰을 생산

2021년 말 삼성은 현지 기업과 손잡고 파키스탄에서 핸드폰을 출시하기 시작했다. 파키스탄의 20~30대가 주로 사용했으며, 핸드폰을 사용하는 사람이 1억 명이 넘어섰다.

삼성이 단독으로 생산하는 것은 아니고, 자동차 업체 기아가 파키스탄 합작사를 통해 현지 판매용으로 삼성전자 스마트폰을 생산한다. 삼성전자는 안정적으로 제품을 공급할 수 있고, 기아는 새로운 수익원을 확보하게 된 것이다.

◆ 삼성전자는 파키스탄에 스마트폰 조립공장을 설립하는 것을 적극 검토하는 것으로 알려졌다
(출처 : 글로벌이코노믹 연합뉴스)

파키스탄 정부에서 스마트폰 수입 의존을 낮추고 현

지생산을 활성화하기 위한 정책을 펼치자 삼성전자도 호응하여 생산라인을 구축했다. 삼성전자는 2021년 현지공장에서 연간 300만 대 수준의 스마트폰을 생산하겠다는 계획을 세우고 있으며, 스마트폰 생산 작업은 대부분 수작업으로 진행되는 것으로 알려졌다. 이러한 삼성전자의 현지 스마트폰 생산은 수많은 고용창출 효과도 일으킬 것으로 기대되고 있다.

한국 자동차 3종 출시

일본 차 일색이었던 자동차 시장에 수년 전부터 현대와 기아가 파키스탄 기업과 협력하여 자동차를 생산하기 시작했는데 수요가 많아서 현지 고객들이 차를 받기 위해 줄을 서고 있다. 파키스탄 2억 3000만 명, 방글라데시 1억 6140만 명에 달하는 인구를 감안할 때 잠재력이 매우 높은 시장이라고 판단하였으며 최근 구매력도 증가하고 있어 현지 투자 등이 지속적으로 이루어져야 할 것이라고 평가되고 있다.

◆ 파키스탄 기아홈페이지

◆ 파키스탄의 투싼

가장 먼저 현대차에서 파키스탄에 처음 출시한 차는 투싼이다. 현대차는 지역 소비자들을 초청하여 파키스탄 최초로 신차 출시 행사를 가상으로 진행하고, 첫 출시 기념으로 관람객 한 명에게는 행운의 선물을 제공하였다.

　　파키스탄에서의 대기업 여성임원은 두바이에서부터 투싼이 너무 예뻐서 직접 구매하여 가져왔다고 한다. 파키스탄은 부의 상징인 혼다의 대형 SUV 파이롯트가 인기였다. 최근들어 과거와는 다르게 준중형 SUV가 인기를 얻고 있는데, 특히 현대 SUV의 투싼을 좋아한다.

　　파키스탄 자동차 시장은 IMF 위기, 코로나19 위기 등 여러 가지 어려움 속에서도 2021년 과거 2년간의 침체에서 벗어나 성장세로 돌아섰다. 파키스탄 정부의 코로나19 락다운 Lockdown 조치가 조기에 안정화되면서 경기도 다시 살아나기 시작한 것이 자동차 산업의 재성장에 도움이 되었으며 자동차 산업 및 전기차 산업 육성을 위해서 여러 가지 정책을 도입하고 인센티브를 제시하면서, 파키스탄 현지 기업은 물론 해외 글로벌 자동차 메이커와 부품 협력사들의 파키스탄 진출을 적극 반기고 있다.

기존 파키스탄 시장을 90% 이상 점유하고 있는 스즈키, 혼다, 토요타 등 일본계 자동차 메이커들의 시장 장악력이 낮아지고, 기아 및 현대차의 시장 점유율이 점점 높아지고 있기도 하다. 파키스탄 정부의 자동차 산업 육성정책 2016-2020을 통해 한국, 유럽, 중국계 신규 자동차 메이커들이 파키스탄에 진출해 신규 모델들을 현지 조립해 생산 판매하기 시작했기 때문이다.

지난 20~30년간 파키스탄 자동차 산업은 리버스엔지니어링 reverse engineering 으로 시작해 오늘날에는 각종 부품 및 제조설비를 개발할 수 있는 수준으로 성장해왔으나, 아직까지 자체 디자인 역량 designing skills 까지는 확보하지 못하고 있는 현실이다. 파키스탄 자동차 시장의 높은 성장잠재력과 한국 부품 기업의 높은 기술 수준이 접목되면 상호 윈윈 성장할 수 있는 공동번영 Co-Prosperity 의 기회가 많이 마련될 것으로 기대한다.

| 파키스탄에 과자 판매

파키스탄에서도 한국 과자 열풍이 불었다. 롯데제과가 해외시장 다각화를 통해 매출 경쟁력을 높이려 했는데, 특히 파키스탄 내 사업 확장이 여러 사람의 눈길을 사로잡았다. 롯데제과는 파키스탄 해외법인 롯데콜손을 통해 초코파이 공장과 라면 생산 설비 등에 대대적인 투자를 진행했다. 펀자브주 라호르시에 연간 약 600억 원 생산 규모의 초코파이 공장을 신설하였다.

롯데는 2억 3천만의 인구를 가지고 있으며 14세 미만의 인구가 30%를 차지하지만, 과자 시장은 한국의 3분의 1에 불과한 파키스탄의 제과시장 성장 가능성을 높게 판단하였다. 롯데는 2011년에 롯데콜손을 인수해서 스낵, 비스킷, 파스타 등을 주요 제품으로 내세워 이슬라마바드 공장 1개, 라호르 공장 2개, 카라치 공장 4개, 총 6개의 공장에서 많은 제품을 생산하고 있다. 추가로 가죽 생산이 많은 파키스탄에서 롯데 캐미칼은 염료 판매를 통해 연간 3000억 정도의 규모로 매출을 올리고 있기도 하다.

◆ 파키스탄의 '롯데 초코파이' (출처 : 동아일보)

◆ 파키스탄의 '롯데캐미칼' 공장 전경 (출처 : 더구루)

| 인기 많은 한국 전자제품

파키스탄에서 한국 전자제품은 매우 인기가 좋다. 중국 전자제품이 한국 전자제품보다 낮은 가격으로 형성되어 있지만, 브랜드 인지도와 인기는 한국 제품이 더 좋으며 그중 LG가 인기이다.

2008년에 파키스탄 정부가 주관하는 '2008 Brand of Year Award' 휴대폰 분야에서 '올해의 브랜드'로 선정되어 파키스탄에서의 국민브랜드로 등극한 사실도 있다. 파키스탄의 '올해의 브랜드'는 파키스탄품질표준관리국이 카라치, 라호르, 이슬라마바드 등 파키스탄 주요도시의 소비자들을 대상으로 인지도 및 선호도를 조사하고, 제품의 시장 점유율, 성장률 등을 종합적으로 판단하여 선정한다. 특히 LG전자 휴대폰은 '07년 시장진입 이래 1년 만인 2007년, 1백만 대 판매를 돌파해 시장점유율 2위를 기록한 것은 물론이고 높은 소비자 인지도 및 선호도도 긍정적으로 평가되었다.

또한 파키스탄은 12~3월 초, 중순을 제외하고 대부분 무더운 날씨가 지속되어 에어컨이 각 가정의 필수품이며 수요가 꾸준하여 에어컨 시장이 탄탄한데 한국의 LG, 삼성 제품은 기술력을 인정받고 있으나 상대적으로 비싼 가격 때문에 현지에서 제조한 에어컨이 더 잘 팔렸다. LG는 이러한 점을 파악하여 2006년 파키스탄에 에어컨 공장을 설립하고 현지 생산 체계를 갖추어 가격을 낮추었다. 또한 자체 서비스 센터를 갖추고 48시간 이내에 소비자 불만을 처리하는 사후서비스도 잘 갖추어서 현지에서 매우 큰 인기를 끌고 있다.

PART ONE
1부
파키스탄

크면 좋은지 알고 큰 프로젝트를 들고 다니다 ·148
버스 10대 가지고 A노선을 만들면 어떨까? ·157
왓슨 매장에 한국 화장품이 없어요! ·164
지금 정통 세일 회사가 필요하다 ·169

제5장

버스 10대 가지고 A노선을 만들면 어떨까?

| 크면 좋은줄 알고 큰 프로젝트를 들고 다니다

큰 프로젝트를 자랑삼아 들고 다니다

　　　　　나는 파키스탄으로부터 대규모 건설 제안을 많이 받았다. 신도시 기반 프로젝트, 에너지 개발, 태양광 건설, 광산 개발, 도로 항만 등과 같은 큰 프로젝트면 좋은 줄로 알고 무조건 큰 프로젝트에 도전했다.

　　　　　국가 프로젝트, 대기업 프로젝트 등을 국내에 갖고 와서 대형 엔지니어링 회사들과 협의했는데, 그들에게서 별 관심이 없다는 표정을 보았다. 파키스탄이 갖고 있는 외환 보유고, 금융적인 취약점, 대외적 인지도 등의 걸림돌이 있기 때문이다. 많은 시간과 노력을 들였음에도 불구하고 좋은 성과에는 미치지 못했으나, 현재까지도 꾸준히 진행하고 있다.

◆ 신도시 개발 회의

◆ 광산 개발 사업 프로젝트

제5장 버스 10대 가지고 A노선을 만들면 어떨까?

파키스탄 국민주택 500만 호 주택 공급 프로그램

파키스탄 카라치는 아시아 최대 규모 슬럼인 Orangi Town 외 19개의 슬럼가가 형성되어 있으며, 카라치 인구의 약 65%가 슬럼가에 거주한다. 파키스탄 정부는 2018년부터 일자리 창출과 저소득층 생활여건 개선을 위한 주택 500만 호 공급 프로젝트Naya Pakistan Housing Programme 등을 추진하고 있었으나 IMF 구조조정으로 다소 지지부진한 상황이었다. 그러나 코로나19를 계기로 건설 산업에 다시 활력을 불어넣음으로써 경제 활성화를 도모하고 있다.

또한 2020년 3월 11일 임란 칸Imran Khan 파키스탄 총리가 1,000억 루피한화 약 7,570억 원를 들여 총 20,000가구에 달하는 주택 건설 프로젝트를 개시했다. 해당 주택 건설 프로젝트는 임란 칸 정부가 야심차게 발표한 프로그램의 일환이며, 임란 칸 총리는 저소득층들에게 주택 시설을 제공하는 것이 국가의 책무라고 언급했다.

참고로 이와 반대인 파키스탄의 중상류층 국민들은 자신의 현금을 집 안 금고에 보관한다. 이들은 실제로 자금능력이 좋으며, 중저가주택을 구입할 수 있는 능력을 가지고 있다. 파키스탄 주택부 장관은 파키스탄에서 현금으로 주택을 구입할 수 있는 사람이 2천만 명 이라고 했다.

태양광 시스템으로 전기 상황이 좋아졌다

파키스탄 천연가스와 수력발전, 수입 석유로 에너지 수요를 충당해오던 파키스탄은 2006년부터 공급이 수요를 감당하지 못해 심각한 에너지 수급 불안정 상황에 직면했고, 정전과 에너지 부족에 대한 불만으로 곳곳에는 폭동이 발생하며 파키스탄 전력수도부는 에너지 위기가 국가 안보를 위협할 정도의 수준임을 선언하였다.

이런 파키스탄의 태양광 에너지는 약 100,000MW 이상의 생산 잠재력을 가지고 있으며, 현재는 카슈미르, 펀잡, 신드, 발로치스탄 지역에서 태양광 발전소 건설을 진행했다. 2006년부터 '신재생에너지 개발정책Alternative Renewable Energy Policy 2006'에 이어 2011년에는 'ARE Policy 2011'을 통해 중앙전력구매청Central Power Purchase Agency의 신재생에너지 전력

구매를 의무화하고 R&D 촉진, 발전설비 확충 등 다양한 목표를 설정해 이행하고 있다.

파키스탄 정부는 2019년 발표한 'ARE Policy 2019'를 통해 이러한 신재생에너지 확대를 더욱 본격화하겠다는 의지를 드러냈다. 해당 분야에 대한 민간 부문 투자 활성화 방안으로 세금 면제 등 파격적인 인센티브를 부여했다. 파키스탄 태양광 기업 Zi Sloar 사의 Mr. Farooq 대표는 "불안정한 고용, 느린 성장, 높은 인플레이션 등 파키스탄 내 주요 문제들의 원인은 불안정한 에너지 공급"이라며, "최근 정부의 최우선 과제 중 하나는 에너지 위기 해소이기 때문에 안정적인 에너지원을 확보하려는 정부의 노력은 20~30년간 지속될 것이며, 태양열, 풍력 등 신재생에너지 개발을 위한 지원이 꾸준히 증가할 것"이라고 언급했다.

◆ 태양광 건설 협의 – MMC PEOPLE과 태양광 기업의 솔라시그마 MOU 체결

추가로 파키스탄의 전력 수급 불균형으로 인한 생산 차질을 최소화하기 위해 대부분의 제조업체들은 자체 디젤 발전기를 보유하고 있다. 파키스탄은 디젤 발전기를 비롯한 디젤엔진 수요의 85% 이상을 수입에 의존하고 있으며 중국과 유럽 제품에 대한 선호도가 높은 편이다.

파키스탄은 고질적인 전력난 해소를 위해 신규 발전 설비력 최소 용량 제한을 철폐하고 관련 기자재에 대한 수입 관세 및 Sales Tax 등의 부가세를 감면하는 등 다양한 인센티브를 제공하고 있다. 그러나 단기간의 시설 확충이 어렵고, 최근의 경제 활성화에 따른 산업 생산 증가로 디젤 발전기계류의 수입 역시 증가세를 지속할 것으로 예상한다.

파키스탄 국립 기술대학에 한국 관련 프로그램 만들기

피기스탄 펀자브 정부 관계자로부터 파키스탄 국립 기술 대학교들과 의과 대학에 한국 관련 학과들을 교류해 보자는 의견이 있었다. 펀자브 정부 교육청장, 국립 기술대학 총장, 부총장들과 협의했고 한국의 기술 관련 대학교 학과들로 하여금 한국의 기술을 보급하면서 교류하자는 것이었다.

파키스탄은 한국 기술을 공급해주기를 원한다. 전기, 용접, 배관 등 건설 노동자 기술 교육뿐 아니라 의료, 과학, 방송 등 다양한 분야에서의 기술 교육 관련학과를 개설하여 진행할 것을 요청하고 있다.

◆ 파키스탄 국립 기술대학과 협의(한국의 대학교와 교류할 수 있도록)

의과대학과 병원 설립

파키스탄 의료산업은 서비스의 수준을 높이려는 정부의 노력으로 꾸준한 성장세를 보여 왔다. 코로나19 확산을 계기로 정부의 관련 예산도 증가 추세에 있다. 아직은 성장 초기 단계에 불과한 파키스탄 의료산업이지만 병원 수, 의사 수 등 의료 인프라 확보와 함께 다양한 진출 기회를 만들어내고 있다.

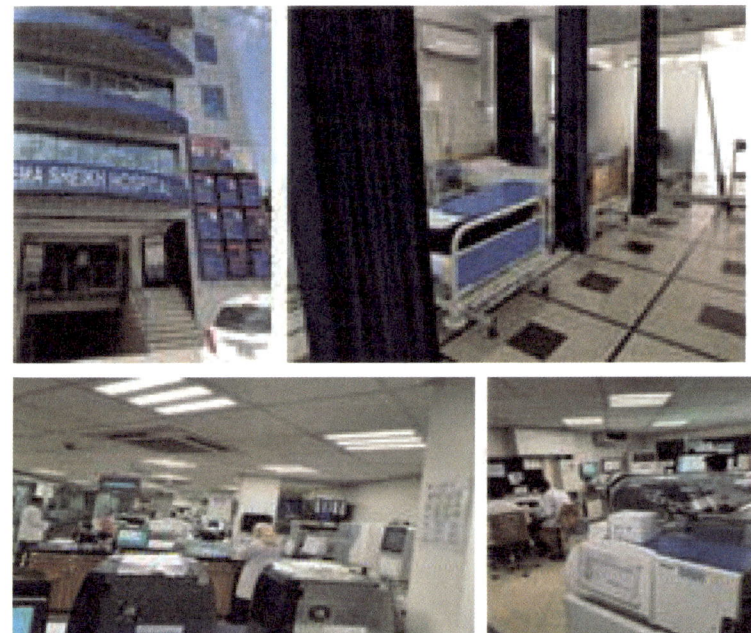

◆ 파키스탄 병원의 모습

파키스탄 재무부Ministry of Finance에서 발표한 최신 자료에 따르면 2018/19 회계연도 기준 연방 및 지방 정부가 공공의료 부문에 투입한 재정은 약 4218만 루피이다. 5년 전인

2013/14 회계연도의 2020만 루피 대비 109% 증가한 수준이다. 해당 기간 병원 수는 1143개에서 1279개로 11.9% 증가했다. 의사 수는 19만 329명에서 25만 8191명으로 35.7% 증가하는 등 의료 서비스의 범위를 넓히기 위한 인프라가 점차 갖춰지고 있는 상황이다.

◆ 질병본부(NIH) : 코로나 위기 대응을 위한 국가 질병본부

| 버스 10대 가지고 A노선을 만들면 어떨까?

나는 파키스탄 지인인 광산 회사 회장에게 이슬라마바드에 시내버스가 한 대도 없다고 했다. 아예 시내버스 운행 제도가 없어서 학생, 여성, 직장인들의 이동에 어려움이 많다고 하면서 한국의 버스 10대를 가지고 첫 번째로 제일 중요한 A 노선부터 운행할 수 있도록 정부와 기업이 함께 회사를 만들면 어떻겠냐고 사업을 제안했다.

일단 10대로 시작해 보라고 설계해 주었다. 가장 많이 이용 가능한 노선부터 해보는 것이다. 한국의 최첨단 교통 시스템과 정류장 제도를 떠올렸는데, 파키스탄에도 스마트폰을 많이 쓰고 있어서 가능하다고 생각했다.

자가용을 렌터카로 허용

이슬라마바드는 상류층 중심의 도시로 잘 설계된 형

태의 기능 역할을 하고 있다. 도시 자체가 넓고 유휴토지* 에는 공원이 많다. 거의 모든 일에 자가용이 동원되며, 택시가 부족해서 자가용으로 허가를 내주고 렌터카 영업도 하고 있다.

이런 파키스탄은 아직 내비게이션 문화가 정착되지 않았다. 택시나 자가용에서 구글 내비게이션을 활용하는데, 현지에서 구글 내비게이션을 직접 활용해보니 생각보다 편리하고 잘 되어있었다.

◆ 파키스탄의 자가용 렌터카

◆ 일반 버스가 없어, 아이들을 통학시켜주는 아버지들

----
* 유휴토지 : 사용, 수익되지 않는 필요 이상의 휴경지

통일호 같은 철도

대한민국에서 1955년에 가장 빠른 급행열차였던 통일호의 철도, 당시로서는 가장 빠른 급행열차이자 객차_{여객열차}에 편의상 붙인 명칭으로, 개통 당시에는 경부선 구간에서 완행·보통 급행·급행 등을 압도하는 초특급 열차였다. 이 열차는 1984년에 열차명 개정으로 통일호라는 명칭으로 전 구간에 운행을 시작했으며, 이와 같은 철도가 파키스탄에도 존재한다.

◆ 대한민국의 통일호 (출처 : 나무위키, 오마이뉴스)

2010년 기준 파키스탄의 철도 운행구간 총 길이는 7791km이며 철도 트랙길이는 총 11658km이다. 객차 수는 1,670대, 화물차 수는 18,683대로 집계되고 있다. 전반적인 철도 인프라infra가 매우 열악하여 철도의 상업 운송 분담률은 매우 미미한 수준에 머물러 있다.

파키스탄의 교통은 가라치에서 인더스 강 연안을 따라 북상하여 라호르·라왈핀디를 거쳐 페샤와르를 지나 카이버 고개에 이르는 옛 실크로드가 간선도로이며, 철도도 간선도로와 같은 방향으로 건설된 노선의 교통량이 가장 많다. 파키스탄은 도로 사정이 열악하고 국민소득이 낮아 장거리 이동 시는 대부분 열차를 이용하고 있을 정도로 철도가 매우 중요한 대중교통 및 화물 운송수단으로 자리 잡고 있다. 그러나 대부분의 열차 및 철로가 20년 이상 노후되어 교체와 개선이 매우 시급하다.

또한 파키스탄 정부 예산 부족으로 철도와 차량의 유지 보수에 어려움이 큰 상황이다. 최근 5년간 파키스탄 국영철도사의 적자가 꾸준히 증가해왔으며 2010/11 회계연도 적자액은 약 3억 달러에 달하였다. 파키스탄 국영철도사의 적자가 크게 늘어난 것은 운행할 기관차가 부족하기 때문이라고 하며 현재 기관차 부족으로 화물차 운행은 거의 못 하고 승객용으로만 제한적으로 운행되고 있다.

2020년에는 중국-파키스탄 경제 회랑CPEC 사업으로 추진된 지하철이 파키스탄 북동부 펀자브 주의 인구 천이백만의 대도시인 라호르에 개통되었다. 라호르를 비롯해 파키스탄 대부분의 대도시 중심부 도로는 오토바이와 버스, 낡은 자동차들이 뒤엉켜 온종일 그야말로 교통지옥을 방불케 했는데, 18억 달러, 한화 2조 300억 원이 투입된 지하철 인프라 사업으로 도시의 교통 체증과 공해 문제도 크게 개선될 것을 기대했다.

한국산 엔진오일이 인기

보통 수도의 모습과 달리, 파키스탄의 수도 이슬라마바드에서는 길이 반듯하게 잘 나 있고 차량이 적기 때문에 교통체증을 겪는 경우가 거의 없다고 한다. 이슬라마바드에서 흔히 볼 수 있는 교통수단으로는 자가용, 택시, 버스, 스즈키Suzuki, 벤이 있다.

스즈키란 일본의 자동차 제조사의 브랜드명인데, 처음에 일본 스즈키 차량으로 대중교통 차량을 만들어서 고유명

사회된 것이다. 그래서 파키스탄에서 스즈키란, 소형 승합차 또는 작은 트럭을 개조해서 운영되는 단거리 대중교통을 뜻하며 요금도 저렴하고 배차 간격도 짧아서 현지인들이 애용하는 교통수단이다.

이런 파키스탄에서도 한국 엔진오일을 수입하여 사용하고 있다. 파키스탄의 엔진오일은 65%가 현지에서 생산되고 있으며, 나머지 35%는 다양한 채널을 통해 수입되고 있는 상황이다. 파키스탄에는 12개의 자동차 윤활유 제조 회사가 있으며 이들 대부분은 자체적으로 주유소를 운영하고 있다. 그러나 아직 시장 수요를 충족시키기에는 여전히 부족한 공급 수준이라고 한다.

이러한 현황을 파악하여 국내 기업에서 자동차 윤활유 제품을 2017년부터 수입하여 판매하고 있는데, 시장에서 좋은 평가를 받고 있다고 한다. 현재 한국산 제품의 경우 최근 소비자들 사이에서 좋은 평가를 받고 있으나, 수입품의 경우 가격을 중시하는 파키스탄 소비자들 사이에서 인지도가 낮고 비교적 높은 품질과 가격에 대한 이해도가 낮은 편이여서 진입 초기에 제품 교육과 마케팅을 적극적으로 한다면 더욱더 인기를 끌 것으로 예상된다.

최근 2021년에는 SK이노베이션의 윤활유 자회사, SK루브리컨츠가 파키스탄의 현대자동차의 파키스탄 합작사에 '지크ZIC' 공급 계약을 체결하였다. 파키스탄에서 생산된 현대차 차량에 ZIC가 쓰인다.

파키스탄 석유 기업 자문위원회Oil Company Advisory Council, OCAC에 따르면 현지 자동차 윤활유 수요량은 연간 약 4억L로 전체 시장의 90% 이상을 차지한다. 향후 파키스탄 자동차 산업이 성장하며 수요도 함께 늘어날 전망이며, 업계는 파키스탄 윤활유 시장이 연평균 5%의 성장률을 보여 2025년 19억 1000만 배럴에 이를 것으로 내다보고 있다. 현재 SK루브리컨츠는 2009년 10월 SK이노베이션으로부터 독립한 후 국내 1위 윤활유 브랜드로 올라서며, 미국과 중국 등 60개국에 제품을 수출하며 경쟁력을 인정받고 있다.

| 왓슨 매장에 한국 화장품이 없어요!

◆ 화장품 프랜차이즈 D.Watson 회장과 함께!

파키스탄에는 왓슨의 약국 프랜차이즈가 많다. 또 하나는 왓슨의 일반 생활용품 프랜차이즈가 있다. 우리나라의 올리브영과 같은 생활 소비재 용품들을 취급하고 있다. 왓슨 회장의 안내로 매장 큰 곳을 둘러보는 기회가 생겼다. 나는 회장에게 질문했다. "여기 한국 제품은 어디 있나요?"

그는 미국, 영국, 프랑스, 독일, 일본 제품들을 나에게 열심히 설명해 주었다. 그런데 한국 제품은 하나도 없어서 아쉬웠다. 이곳 한 면에 한국 제품으로 도배할 수 있다면 얼마나 좋을까?

◆ 전통 시장의 화장품 코너, 한국산 화장품을 보고 싶었지만 거의 없었다
파키스탄은 화려한 컬러의 화장품들이 많다

KOTRA에 따르면, 파키스탄 화장품 시장은 연 9000만 달러 수준이며, 여성의 사회 진출 확대 및 소득수준 향상으로 매년 성장하고 있다고 밝혔다. 시장은 크게 도시 부유층을 대상으로 한 유럽 및 미국 브랜드의 고급품과 시골, 도시 근로자를 대상으로 한 파키스탄 브랜드의 저가 시장으로 양분되는데, 직장 여성 및 실리 추구의 젊은 여성들 사이에서 합리적인 가격에 품질도 좋은 한국 제품을 선호하지만, 상품을 볼 수 없다는 것이 아쉬웠다.

파키스탄에서는 화장품을 의료 부분으로 분류한다. 그래서인지 화장품은 피부과 의사들의 관심 대상이다. 내가 만났던 파키스탄인 중에 3대째 의사 집안인 의사 부부가 있었는데 그들은 본인 병원을 운영하고 있었으며, 화장품 세일즈

매장과 교육 비즈니스를 하고 싶다고 말했다.

또한 파키스탄에는 화장품 판매업에 종사하는 아가씨들, 고급 주택가에서 숍을 운영하면서 피부 마사지를 해주는 곳도 많았다. 파키스탄 화장품 생산은 나날이 명성을 얻어 헤어케어 상품과 색조 화장품 두 품목은 현재 가장 높은 수요를 기록해나가고 있다.

◆ (왼쪽부터 차례대로) ① 3대째 의사 집안을 유지하고 있는 의사 부부 / ② 병원 사무실 / ③ 의사 부부가 운영하는 현대식 병원

◆ (왼쪽부터 차례대로) ① 화장품에 관심이 많은 의사 부부 / ② 화장품 판매업에 종사하는 아가씨들 / ③ 고급 살롱을 운영 중인 회장

한국형 모텔이 있다면?

◆ 파키스탄의 호텔 조식

◆ 게스트하우스

　난 파키스탄에 가면 호텔, 또는 게스트 하우스도 많이 이용한다. 가격이 저렴하지는 않은 편인데, 자주 묵었던 게스트 하우스에서는 사장과 가까워졌다.

그곳의 게스트 하우스 사장은 일반 주택을 통째로 임대해서 게스트 하우스로 숙박업을 하고 있다. 나는 한국의 숙박업소 체인점이 생겼으면 좋겠다고 생각했다.

물티슈, 화장지 비즈니스?

나는 파키스탄에서의 시골을 방문하는 일도 많았다. 그곳은 화장실 문화가 달라 시골에서 화장지가 없어 항상 챙겨서 다녀야만 했다.

물론 방문객을 맞이하는 곳에서는 화장지를 준비해줄 때가 많았다. 도시에서도 물티슈가 외부에서 활동할 때는 항상 구비되어 있으면 좋겠다고 생각해서 파키스탄에서의 나는 물티슈도 지참하고 다녔다.

| 지금 정통 세일 회사가 필요하다

집에 있는 여인들

파키스탄의 여성 대부분이 아직 사회에서 경제 활동을 하지 못하고 있다. 산업화가 적극적으로 되지 않아서 많은 일자리가 없기 때문에 주로 집에서 일하는 경우가 많았다.

◆ 화장품 세일 매뉴얼 책자와 관심을 가지고 있는 젊은 여성들

나는 포지아 누님에게 여성들의 화장품 전통 세일 방법에 대해 의논하였고, 누님은 좋은 방법이라며 나에게 매뉴얼Manual을 만들어보라고 했다. 나는 시범적으로 짧은 기간 동안 해본 경험이 있는데 젊은 여성들의 많은 관심과 참여가 있었다.

고급 주택을 지키는 사설 경호 업체

파키스탄의 상업·금융 중심지인 카라치는 2천만 명의 인구가 살고 있다. 하지만 치안 상태는 열악하고, 거리에서 강도를 만나기도 한다. 파키스탄 내무부 통계를 보면 2011년도에 발생한 납치 사건도 467건에 이르며, 한 조사에서 '세계에서 가장 위험한 10개 도시' 안에 드는 오명을 얻기도 했다.

이러한 파키스탄에서는 사설 경호업체에 의존하고 있는 사람도 있다. 2012년 카라치에서만 350개 업체가 성업 중이었으며, 경호원을 5만 명씩 고용하고 있는 업체도 네다섯 곳이나 있었다. 문제는 제대로 된 검증 절차도 없이 경호원을 고용하는 업체들이 많다 보니 신변 보호를 위해 경호원을 고용했다가 되레 경호원에 의한 범죄에 노출되는 경우도 있다. 이렇게 난립하고 있는 경비업체의 부실한 관리에도 불구하고 카라치의 기업인들은 경비업체에 대한 의존도를 낮출 수 없다고 하소연했다.

이후 2014년의 파키스탄은 국가 안보 및 치안 등의 현안을 타파하려는 노력의 일환으로 보안상품시장이 점차 커지고, 다양한 보안장치 구입을 가능하게 했으며 시스템은 감시 목적뿐 아니라 가정, 쇼핑몰, 주차장, 도로 교통 관리, 공원, 은행, 병원, 공항, 교육 기관 등의 공공시설 및 공장에서의 생산라인을 모니터 하기 위해 사용되기 시작했다. 파키스탄은 파키스탄 내의 거의 모든 공공시설 및 고속도로, 쇼핑센터, 호텔, 심지어 공장이나 주요 빌딩 등에서 치안과 보안유지를 위해 CCTV나 DVR를 적극 활용하고 있어 보안장지 업체에 잠재력이 다분한 시장이다.

나는 한국에 살면서 과거로부터 현재까지 발전해가는 과정 속에 살았다. 한국의 발전되고 있는 모습들을 경험한 나는 파키스탄에 가면 보이는 것마다 모두 기회로 보이며, 비즈니스 아이템으로 보인다. 그래서 나는 파키스탄의 젊은이들과 한국의 일반인, 기업인들과 많은 얘기를 곧잘 나누고 있다.

PART ONE
1부
파키스탄

세계 5위의 면화 생산국가 ·175
핑크솔트의 최대 생산지 ·179
주력 수출품목 가죽 ·181
매력적인 한국의 페인트 그리고 벽지 시장 ·184
고품질 덩어리 크로마이트 ·187
파키스탄의 보석, 루비와 사파이어 ·190
자연산 망고를 맛보다 ·192
밀가루가 주식인데 베이커리 가게는! ·193

제6장

골드로드 파키스탄

...

파키스탄을 다니면서 계속해서 느끼는 점은 "이곳이 바로 기회의 땅이구나!"라는 것이었다. 인구, 지리적 위치, 자원 그리고 저개발국가라는 여러 가지 요건들을 모두 충족한 곳, 파키스탄은 육로, 철로, 해로 어디든지 유럽을 통과할 수 있는 교두보이며 유럽으로 통하는 관문인 "골드로드Gold Road" 이다.

┃세계 5위의 면화 생산국가

(단위: %)

품목	파키스탄 시장 내 비중	세계 수출시장 점유율
가정용 직물	18.08	6.91
면섬유	15.99	7.13
니트 의류	11.5	1.25
우븐(Wooven) 의류	11.27	1.24
가죽 제품	2.89	0.85

◆ 파키스탄 주요 수출품목의 수출 비중과 전세계 수출시장 점유율 (출처 : UN Comtrade)

파키스탄은 농업 국가이기 때문에 주된 수출품목은 면화와 면 가공품이다. 파키스탄이 독립한 이래로 농업 분야의 발전과 더불어 산업화를 위해 단계적인 노력을 했다. 오래전부터 인더스강 유역을 중심으로 면화를 생산해 왔으나, 1947년 독립 당시 많은 섬유산업 기반이 동파키스탄지금의 방글라데시에 남겨진 것에 비해 서파키스탄현재 파키스탄 정부에는 단지 두 곳의 섬유공장만이 남아있는 상황이었다.

이후 면섬유를 중심으로 한 파키스탄의 섬유산업은 점진적인 재배면적의 확대와 더불어 1950년대 OGL 사업the Open General Scheme의 시행에 따라 많은 생산설비를 도입하면서 산업기반의 확충과 생산량의 증가를 가져오며 빠르게 발전하기 시작하였다.

1970년에는 Multan 지방에 중앙 면화 연구소가 설치됨으로써 질적인 발전을 위한 전기도 마련하였다. 1970년대 후반에 아프리카 지역으로 날염 직물을 판매한 것을 시초로 1980년대 중반에 이르러서는 유럽 지역으로도 다양한 섬유제품들을 수출할 수 있게 되었다.

지표	현황	위상
수출	120.4억 달러	총수출의 52%
고용	1,520만 명	총고용의 38%
GDP	141.1억 달러	GDP의 8.5%

◆ 파키스탄 섬유산업의 사회경제적 중요성(2010~11년)(수집된 최신 자료)

위의 표는 현재 농업과 함께 국가경제의 중추적 역할을 담당하는 산업으로서의 파키스탄 섬유산업의, 국내 사회경제적 중요성을 정리한 것이다. 파키스탄의 섬유사업은 면섬유 관련 분야에서 세계적으로도 중요한 위치에 있다. 파키스탄은 고급면사 생산을 위해 상당량의 면화를 수입하고 있어 실질적인 면화 수입국이기도 하다.

주요 수출품목을 보면 의류 완제품이 전체 섬유류 수출액의 33% 정도를, 면직물류가 20%를 차지하고 있으며 침구류, 타월 및 텐트 등의 물품도 국내외 시장에서 중요한 위치를 차지하고 있다. 주요 수출지역은 미국 및 EU 국가들로 전체 수출물량의 2/3 정도를 차지한다.

이와 같은 자료들로 알 수 있듯이, 파키스탄은 세계 5위의 면화 생산국이며 중국, 인도에 이어 세계 3위의 방적 능력을 갖추고 있다. 섬유 제품은 파키스탄의 전체 수출에서 50% 이상을 차지하는 주력 수출산업이다. 2020-2021 회계연도 9개월간 기준 섬유제품 수출규모는 113억 달러로 전년 동기 대비 9.1% 증가한 수치를 보였다. 코로나19로 2020년 상반기 경제성장세가 주춤하였지만 파키스탄 정부의 조기 경제활동 재개와 코로나19 피해 구제를 위한 금융 인센티브 제공으로 수출이 오히려 반등했다.

파키스탄 정부는 전통적으로 섬유의류 수출 촉진을 위한 다수의 정책과 인센티브 제도를 도입했었다. 대표적으로 수출 촉진을 위해 Textile Policy 2014-19를 공표하고 현지 섬유 제조업체의 섬유기계 수입세 면제, 자금 조달 이자율 인하 등 혜택을 부여한 바 있다.

| 핑크솔트의 최대 생산지

◆ 핑크솔트 – 파키스탄에는 소금 광산이 많다

히말라야 산맥의 핑크솔트Pink Salt는 전 세계적으로 유명하다. 한국인들은 예전에 핑크솔트를 아예 모르고 살았는데 지금은 많이 수입되어 소비되고 있다. 오히려 한국 소금보다 오염되지 않은 핑크솔트가 더 저렴하다.

히말라야 핑크솔트는 파키스탄의 산, 특히 케라 소금 광산Khewra mine에서 나오는 무기질이며, 지구에서 가장 순수한 자원 중 하나로 여겨진다. 이런 핑크솔트는 유럽, 미주, 아시아의 여러 국가에서 잘 팔리기 시작한 소금인데, 그 이유 중

일부는 영양가가 높기 때문이다. 한국에서는 과거에 핑크솔트가 여러 가지 효과가 있다고 하여 찜질방에서 많이 사용하기도 했다.

| 주력 수출품목 가죽

◆ 가죽공장 : 가죽 염료, 샘플 및 가죽제품 생산

1974년에 파키스탄은 생가죽을 수출하였지만 약 50년이 지난 현재에는 세계 최고의 가공된 가죽제품을 수출하고 있다. 인조가죽의 뛰어난 내구성, 관리 효율성, 유연한 디자인, 저렴한 가격 등 장점들이 주목받기 시작하면서 현지 가죽 가공업체들이 인조가죽을 활용한 제품을 많이 제작하는 추세이다.

◆ (위부터 차례대로) ① 파키스탄의 가죽 권투 글러브 가내 수공업 공방 /
② 권투 글러브 가죽상품 / ③ 공예품 장인들

파키스탄 인조가죽의 최대 수요처는 스포츠용품 생산업체이며 축구공, 글러브, 라이더 재킷 등 파키스탄 주력 수출품목의 원재료로 사용되고 있다. 이뿐만 아니라 타이어, 가구, 건축자재, 자동차 부품 등 산업 전반에 폭넓게 활용되고 있어 꾸준한 수요를 보인다.

파키스탄에서는 섬유산업도 핵심 산업으로 떠오르고 있다. 섬유류 수출규모가 전체 수출의 50%를 넘을 정도로 비중이 높다. 따라서 파키스탄에서는 의류 제조에 필요한 염료 등 원재료 수입이 유망하고, 염료도 섬유뿐 아니라 잉크, 페인트, 화장품 등 각종 제품을 생산하는 경우에도 활용 가능하다. 특히 염료는 2016년 기준 대파키스탄 수출에서 금액 기준 8위 2839만 달러를 기록한 바 있으며, 파키스탄의 염색 섬유 생산이 회계연도 2014/15 기준 2900만 달러 규모에서 1년 뒤 3100만 달러로 증가한 바 있어 앞으로의 염료 수요가 더욱 증가할 것으로 기대되고 있다.

파키스탄의 염료 전체 시장규모는 약 3300만 달러로 추정되며, 이 중 해외 수입품이 시장의 약 86%를 점유하며, 나머지 14%를 현지 생산품이 차지한다. 파키스탄에서는 기존에는 천연 염료만을 사용해왔으나, 약 30년 전부터 합성염료를 활용하기 시작하여 다양한 색을 표현해서 페인트 제조업을 중심으로 합성염료의 수요를 증가시키고 있다.

| 매력적인 한국의 페인트
그리고 벽지 시장

파키스탄에서는 건물 마감을 페인트로 한다. 페인트의 경우 다양한 컬러로 조색이 가능하여 색을 훨씬 자유롭게 선택할 수 있으며 비용도 저렴하기 때문에 대부분의 건물이 페인트로 칠해져 있는 것을 볼 수 있다.

하지만 파키스탄의 페인트는 질이 좋지 않아서인지 들뜨고 지저분하다. 나는 이런 현황을 파악하고 있던 파키스탄의 한 청년을 만났다.

그 청년은 외모가 뛰어나고, 영문과 한글을 번역하여 나에게 브리핑을 해주던 똑똑한 친구이다. 그 청년의 부모님은 파키스탄 건설 자재 사업을 크게 하시는데, 그래서인지 그는 한국 페인트를 전문적으로 유통하고 싶어 한다.

한국 페인트는 오래 사용해도 들뜨거나 지저분해지지 않아서 문제가 없기 때문에 파키스탄에서 충분히 매력적인 아이템이 될 수 있다고 생각한다. 실제로 몽골을 예시로 들어

◆ 페인트 마켓 회사 설립 준비를 하고 있는 파키스탄 청년과 페인트 사진

보면, 몽골에 유입되는 대부분의 페인트 제품은 한국에서 수입하고 있으며, 2017년에는 약 42%의 시장점유율을 기록하기도 했다. 한국, 러시아, 중국 3개국의 총 시장점유율이 약 85%로, 몽골 페인트 시장을 장악하고 있다. 몽골에서의 한국 페인트는 이미 품질적으로 인정을 받은 것이다.

이러한 페인트 시장과 더불어 파키스탄에서는 약 20년 전부터 벽지가 본격적으로 유통되기 시작했다. 이처럼 벽지 보급이 늦어진 이유는 전통적으로 가성에서 벽을 페인트로 칠하는 방식이 현지에서 널리 통용됐기 때문이다. 하지만 2007년부터 벽지시장 규모가 성장하면서 오늘날에는 가정, 사무실 등의 건물에서 벽지를 사용하고 있다.

2016년, 현지 바이어에 따르면 파키스탄 벽지 시장 규모는 약 750만~800만 달러로 추산되며, 파키스탄 국내 생산이 전무해 벽지 수요는 전량 해외수입으로 충당하고 있다고 했다. 종합하면 여러 가지 이유에서 파키스탄은 아직까지 대부분의 건물에서 페인트를 사용하고 있고, 그 시장의 잠재력은 엄청나다고 생각한다.

| 고품질 덩어리 크로마이트

◆ 광산회사와 MOU – 크로마이트 광산, 구리, 보석 광신을 소유
(크로마이트 이미지 출처 : HAIXU CHROMITE SAND)

파키스탄은 가스, 석탄, 구리, 금, 철광석, 암염, 대리석, 크로마이트 등 풍부한 천연 광물자원과 52종의 미개빌된 광물자원을 보유하고 있다. 파키스탄 북서부 노스웨스트프런티어 주에 있는 도시와 군 및 지구인 페샤와르는 관개시설이 잘 되어 있는 평야, 카불 강이 흐르는 거대한 관개 분지, 남서

쪽 체라트의 구릉*지대로 둘러싸인 지역으로 이루어져 있다. 철·석고·유리모래·중정석·크로마이트·대리석 광산이 풍부하다.

◆ 철광석, 구리 광산업주

크로마이트는 크롬철광을 지칭하는 것으로 화학작용과 고온도에 잘 견딘다. 강산업 외의 용도로 니켈, 크로뮴 합금인 니크롬의 제조에 사용되는데, 크로뮴의 화합물은 안료,

---

* 구릉 : 완만한 기복의 낮은 산이나 언덕이 계속되는 지형을 말하고, 대략 100만 년 전에서 30만 년 전에 생겼다.

산화제 및 내화물 등 다양한 용도로 사용된다.

크로뮴이 없으면 STS* 제품도 생산할 수 없으며, 합금강의 기능성을 향상하는 데에 도움을 주고, 공구강이나 고속도강의 인성을 높이거나 내열강의 내열 성능을 강화하는 데에도 사용된다. 대략적으로 합금강 제품의 60% 이상에서 크로뮴을 원료로 사용하고 있을 정도로 중요한 자원 중 하나이며, 이런 크로뮴이 파키스탄에서 생산되는 것은 알아두면 좋은 사실이다.

----

* STS : 스테인리스. 녹이 잘 슬기 어려운 합금강.

| 파키스탄의 보석, 루비와 사파이어

파키스탄에는 다양한 보석이 많이 매장되어 있다. 파키스탄보석감정협회에 따르면 파키스탄의 북부 지역과 이에 인접한 아프가니스탄의 땅에는 세계 유색석 매장량의 거의 30%가 묻혀 있다. 블루 사파이어의 세계적 산지인 캐시미르, 에메랄드 산지인 스왓, 북부의 루비 산지들, Katlang, Mardan 등의 핑크 토파즈 산지가 있으며, 상질의 지르콘, 쿼츠의 여러 변종, 헬리어노어, 아콰마린, 토멀린, 스핀, 스넬, 모거나이트, 가넷, 페리도트, 네프라이트, 서펄틴, 레드 아게이트, 자수정, 크롬 다이옵사이드, 쿤자이트 등이 파키스탄 남부 산맥에서 발견되고 있다.

아프가니스탄과 파키스탄에는 보석 광물이 풍부함에도 오랫동안 이 지역이 내전과 테러에 의해 분쟁지역으로 알려져 현재 거래가 원활히 이루어지고 있지 않은 상태이다. 수십 년 동안 내전으로 고통 받던 아프리카의 앙골라가 현재 내전이 종식되고 보츠와나와 러시아에 이어 세계 3위의 다이아몬드 생산국으로 우뚝 선 것처럼 아프가니스탄과 파키스탄에서도 테러와 분쟁이 사라지고 평화가 찾아온다면 미래에는 이들

국가가 아주 큰 보석 생산지로 각광을 받을 것으로 기대된다.

◆ 보석 – 루비와 에메랄드, 원석들

| 자연산 망고를 맛보다

파키스탄에서는 석류, 체리, 딸기, 사과, 바나나 등 자연적으로 가꾸는 과일들을 매우 쉽게 접할 수 있다. 나는 이곳에서 자연산 망고를 처음 먹어보았다. 특유의 향이 있었고, 당도가 아주 높았다.

이런 파키스탄 망고를 국내에 수입하기 위해서는 항공을 통해야만 하는데 현지 원물가격보다 운송료가 차지하는 비중이 그만큼 높고, 국내에 수입 가능한 시기가 짧아서 한국에서는 맛보기 힘들다. 하지만 파키스탄에는 자연산 망고가 너무 많고, 수출도 현재 많이 하고 있다. 망고를 비롯한 파키스탄의 열대과일은 당도가 높고 신선하여, 한국에 돌아와서도 그 맛을 한동안 잊을 수 없었다.

◆ 과일 – 석류가 핸드볼만한 크기며, 당도가 매우 높아서 달다 (가장 오른쪽은 망고 사진)

| 밀가루가 주식인데 베이커리 가게는!

파키스탄 사람들은 빵과 밥을 골고루 많이 먹는다. 파키스탄 사람들이 먹는 난빵은 아프가니스탄 및 중앙아시아의 영향으로 인도에서 먹는 그것보다 좀 더 두툼하다.

한국은 프랜차이즈의 천국이라고 볼 수 있다. 파키스탄의 주식 원재료는 밀가루이다. 로띠라는 밀가루로 구운 떡과 빵이라고나 할까? 이것을 주식으로 먹는다. 하지만 밀가루를 활용해서 정말 맛있는 빵의 프랜차이즈를 아직 보지 못했다. 차후 이곳에서도 프랜차이즈 빵 맛을 볼 수 있다면 정말 좋겠다는 생각을 했다.

또한 파키스탄은 닭고기 소비 1위이지만 프랜차이즈가 없다. 파키스탄의 음식은 돼지고기를 쓰지 않는 것이 특징이며, 양고기를 비롯한 육식을 즐긴다. UAE 내 인구수는 2015년 기준으로 약 149만 4,400명이고 인도의 식문화와 비교했을 때 육식이 차지하는 비중이 높다는 점을 제외하고는 큰 차이점이 없다.

특히 닭꼬치, 닭고기 카레, 튀김 닭 등 닭 요리가 많이 발달하였으며, 그중 가장 유명한 것은 탄두리 치킨과 치킨 커리이다. 하지만 한국식 닭고기 프랜차이즈 메뉴인 프라이드 치킨과 양념치킨을 이곳에서도 맛볼 수 있다면 대박 날 것 같다.

한류 푸드면 곰탕, 비빔밥도 좋다. 요즘 세계에서 한류 음식이 인기다. 파키스탄도 한류를 좋아하는데 한류 비빔밥, 곰탕도 있으면 굉장히 인기 있을 것 같다. 한류 세계화를 꿈꾸는 한국인이 이곳에서도 한류 음식점으로 기회와 도전의 시간을 가지면 어떨까?

파키스탄에는 한국과 비슷한 음식문화가 있는데, 바로 김치이다. 파키스탄을 비롯한 주변 국가들인도, 미얀마, 방글라데시, 네팔 등에서 즐겨 먹는 음식 '아차르'는 한국의 '김치'와 비슷하다. 아차르achar는 망고, 당근, 칠리 등 야채와 과일을 넣어 절인 음식으로 대부분의 가정에서 아차르를 만들어 먹는다고 한다. 이런 음식 문화의 특성을 이용하여 한국의 김치로 할랄 인증을 받는 데에 성공했고, 수출하고 있다. 파키스탄은 아직 미역, 김, 멸치를 모르는 사람들도 많다.

아직 파키스탄은 많은 업종에서 프랜차이즈가 없다. 내가 파키스탄을 방문할 때마다 파키스탄의 포지아 누님에게 믹스 커피를 가져다준다. 누님은 한국의 믹스 커피 맛을 너무 좋아한다. 그래서 한국식 커피 프랜차이즈를 하고 싶다고 했다. 나는 그녀에게 한번 시도해 보라고 한 적이 있다. 이러한 관심들로 인해 앞으로 파키스탄에는 커피 프랜차이즈도 많이 생길 것 같다.

파키스탄의 프랜차이즈 시장현황을 살펴보았을 때, 2020년 기준 약 65~70여 개의 국제적인 프랜차이즈 브랜드가 진출해 있다. 카라치 상공회의소에 따르면 프랜차이즈 분야는 외식업, 패션, 유통, 의료 서비스 등 다양한 분야의 해외 프랜차이즈 브랜드가 존재하며 외식업이 가장 큰 비중을 차지한다.

미국, 영국, 스페인, 일본, 독일, 프랑스, 캐나다, 호주 등의 국가의 프랜차이즈 브랜드가 존재하고 있는 것으로 파악되며, 파키스탄 국민이 해외 외식 프랜차이즈 브랜드에 소비하는 규모는 연간 1억 5000만 달러 수준으로 파악되고 있다.

하지만 전력 불안, 취약한 식품(닭고기, 소고기 등) 유통 시스템 등으로 많은 해외 외식업 프랜차이즈는 주요 원료들을 해외에서 수입하고 있으며, 이와 같은 열악한 연관 산업 인프라 등은 실제 프랜차이즈 진출 시 걸림돌로 작용하여서 많은 관심과 노력이 필요한 상황이다.

PART ONE
1부
파키스탄

제3당에서 총리가 나오다 ·200

석탄 광산에는 채굴 장비가 부족하다 ·202

6차 산업 발전 육성 ·204

기계화 농업으로 대규모 식량 생산을! ·208

지능형 농장의 등장, 스마트팜 ·210

한국 새마을 운동의 보급을! ·214

제7장

미래 국가 발전과 6차 산업

| 제3당에서 총리가 나오다

파키스탄의 인기 크리켓 선수, 임란 칸이라는 사람이 있다. 임란 칸은 정치를 함에 있어 유리한 조건들을 다수 보유하고 있었다. 일단 영국의 명문대학교인 옥스퍼드 대학교 출신이고, 젊은 시절의 그는 상당한 미남으로 유명하기도 했다.

게다가 그의 첫 번째 부인 제미마 골드스미스는 유대계 부호 집안의 상속자로, 칸과 결혼하기 전부터 이미 사교계 유명 인사였으며 다이애나 왕세자비와도 가까운 친구였다. 이러한 인기를 바탕으로 1996년 PTI를 창당했으며, 1997년 총선에 도전했지만 당시에 그는 총선에서 단 1석도 건지지 못했다.

이후 2002년 국회의원으로 도전하여 당선되었고, 이후로는 야권 인사로 활동하면서 무샤라프 독재정권에 항명했는데, 덕분에 정권의 탄압 대상 중 하나로 찍혔다. 이후 2013년 총선은 그의 인생의 한 가지 전환점이 되었는데, 비록 원내 3당에 그쳤지만 342석 중 35석을 얻으면서 정치적인 돌풍을 일으켰다.

그런데 여기에서 더 주목해야 할 점은 비록 의석수는 적어도 득표율은 인민당을 넘어섰다는 점이다. 이 당시 칸은 "무능부패한 기득권"이라고 비난을 받아온 기존 주류 세력의 대항마로 주목받기 시작했으며, 덕분에 졌지만 잘 싸웠다는 이미지가 굳어지기 시작했다.

칸 총재는 오랫동안 곪아있는 카슈미르 분쟁, 테러리스트, 부정 선거, 교육의 질과 보건 시설 개선, 청년들을 위한 일자리 창출 등을 해결하기 위해 열심히 경제 발전에 기여하려고 노력했다.

파키스탄의 중산층은 매우 적고, 상류층과 하류층이 대부분이다. 이제 앞으로는 누가 총리가 된다 하더라도 경제 발전을 꼭 이루어야만 한다. 유권자의 대부분이 하류층 범주에 속하다 보니 경제 발전의 적임자가 당선될 확률이 높다고 생각했다. 그는 결국 2018년 8월 18일부터 2022년 4월 10일의 기간 동안 파키스탄의 제22대 총리로서 재직했다.

| 석탄 광산에는 채굴 장비가 부족하다

파키스탄은 석탄 매장량이 세계 상위 국가이며 31개의 화력 발전소를 운영하고 있다. 나는 이러한 파키스탄이 석탄을 수입하여 사용하고 있다는 것을 처음에는 몰랐다. 파키스탄은 석탄매장량이 세계 상위 국가인데 왜 석탄을 수입하여 사용하는지에 대해 오랜 기간 궁금증을 갖고 깊이 생각하게 되었는데, 채굴할 수 있는 장비가 없다는 것을 늦게야 깨닫게 되었다. 석탄뿐 아니라 세계 4위의 구리 자원 보유국이지만, 그동안 산악지형과 국가적 혼란 여파로 다른 국가들에 비해 자원 개발이 미미했다.

추가로 파키스탄 정부에 의하면 에너지위기를 극복하기 위해 타르사막 Thar Desert 석탄을 활용할 계획이라고 2017년도에 밝힌 바가 있다. 남부 신드 Sindh 지역의 타르사막 일대는 세계 최대 석탄매장지 중 하나이다.

지난 수년간 파키스탄은 세계기후협상에서 타르석탄 매장량을 협상 대상으로 사용해왔다. 정부는 석탄을 채굴하지 않는 깨끗하고 지속가능한 방식으로 경제성장을 유도했지만

◆ 타르사막의 위성 사진과 실제 모습 (출처 : 위키백과, 인디카)

정전사태가 시급한 과제로 떠올랐고, 이러한 전력부족 문제를 타르사막의 석탄을 활용해 해결하고자 했다.

파키스탄은 석탄을 사용하는 유일한 나라는 아니지만 가장 저렴하고 가장 오염된 형태의 에너지를 사용하는 나라 중 하나이며, 타르사막의 석탄 매장량은 수백 년 동안 국가의 연료수요를 충족시키기에 충분한 1750억 톤을 보유하고 있으며, 1992년 매장사실을 발견했지만 낮은 품질과 높은 채굴비용으로 인해 개발이 지연된 바 있다. 여러 가지 상황들로 보았을 때, 중소기업 입장에서는 적은 자본으로도 파키스탄에서 승부를 낼 수 있기 때문에 파키스탄에서 광산 개발 사업을 집중적으로 추진하는 기업들이 늘어나고 있다.

6차 산업 발전 육성

지금은 모든 산업이 하루하루 달라지면서 발전하고 있다. 산업의 발전 단계를 뛰어넘어 고정관념이 깨지면서 전통적으로 생각했던 절차들이 없어지고 있다.

농업, 제조업, 공업 등에 IoT, IT 기술, 최첨단 반도체, 로봇까지 동원되어 결과물을 최고로 만들어내고 있다. 이제는 모든 산업 구조의 전통적인 틀을 벗어나 발전 지향적으로 가성비를 극대화해야 할 때이다. 6차 산업이란 농촌에 존재하는 모든 유무형의 자원을 바탕으로 농업1차 산업과 식품, 특산품 제조가공2차 산업 및 유통 판매, 문화, 체험, 관광, 서비스3차 산업 등을 연계함으로써 새로운 부가가치를 창출하는 활동을 의미한다.

다시 말하면 6차 산업은 농업인의 생산활동1차 산업을 기반에 두고, 가공2차 산업, 유통·관광·서비스3차 산업를 융·복합화하는 비즈니스 모델이다. 이러한 6차 산업은 농업농촌 창조경제의 대표적 체계이다. 창조경제는 '창의력 및 상상력과 과학기술, ICT 융합을 통한 새로운 시장과 산업 육성으로 양질의 많은 일자리 창출을 위한 경제 패러다임'이다.

농업 생산물에 창의력과 상상력을 더하면 다양한 형태의 가공 상품식품, 의약품, 건강식품, 생활용품 등과 관광 체험 서비스 상품이 개발될 수 있기 때문이다. 이를 통하여, 기존에는 없었던 새로운 일자리를 창출, 생산적 복지를 실현하고 지역 경제를 활성화시키는 기틀을 마련할 수 있다.

농업인은 농산물 판매와 더불어 2,3차 산업을 통해 보다 나은 부가가치를 창출하고, 소비자는 우리 농부가 직접 만들어 믿을 수 있는 먹거리와 농촌의 관광자원을 즐길 수 있으며 농촌지역은 일자리 창출과 경제 활성화로 새로운 활력을 도모한다. 한국의 대표적인 6차 산업의 우수 사례로는 '제주 가파도 청보리 축제', '고창 청보리밭 축제', '완주 로컬푸드', '제천 한방바이오밸리', ' 영천 와인사업단' 등이 있다.

파키스탄에서는 임란 칸 총리가 2019년 7월 총리 직속 농업 분야 직속 전담반을 구성하고 긴급 농업 육성 프로그램National Agriculture Emergency Programme을 발표했다. 해당 프로그램 범위는 축산업, 어업 등을 포함하고 있으며, 작황 개선을 위한 사탕수수 및 쌀 등 핵심 작물 생산성 향상, 수자원 저장소 건설, 종자 생산 증대 등 3000억 규모의 16개 프로젝트가 포함되었다. 특히 수자원 활용도 개선은 매우 시급한 문제로 관련 정책들이 빠르게 시행되고 있다.

파키스탄에서의 유망분야는 현재 질산과 살충제 부분인데, 현지에서 질산은 주로 농업용 비료 생산을 위한 질산암모늄 합성에 사용되며, 그 외에도 의약, 염료, 살충제, 전기도금 등 여러 산업 분야에 널리 사용된다. 2020년 기준 질산 수입 시장 규모는 약 152만 달러로, 한국산 제품은 높은 품질을 기반으로 수입 시장 점유율 1위67.9%를 차지한다. 현지 바이어 인터뷰에 따르면 파키스탄에서 한국 질산의 품질은 타 국가 대비 우수한 것으로 알려져 있으며 품질 대비 가격 경쟁력 또한 높아 꾸준한 수요가 있다. 그 뒤를 이어 네덜란드2위, 14.1%, 태국3위, 5.1% 등이 주요 수입국으로 분류되나 1위와의 격차는 매우 큰 편이다.

또한 파키스탄 살충제 수입 시장 규모는 2020년 기준 약 1억 924만 달러에 해당하며, 중국이 5079만 달러로 수입 시장 점유율 1위46.5%, 이어서 미국이 2132만 달러로 2위

19.5%를 차지하고 있다. 한국이 뒤를 이어 1276만 달러로 수입시장 점유율 3위11.7%를 차지하고 있다. 이는 인도와 파키스탄과의 국경분쟁에 따른 여파로 2020년 수입선이 인도에서 기타 국가로 변경되는 과정에서 한국으로부터의 수입이 296%가 증가한 것에 기인한다.

| 기계화 농업으로 대규모 식량 생산을!

현대 사회에서의 농업은 장비의 우수성으로 경쟁한다. 트랙터 1대로 수천 평의 농사도 짓는다. 나는 파키스탄에 잘 가꾸어진 과수원, 잘 정리된 농토가 있으면 수확량을 높일 수 있고, 특히 현대화된 기계농업과 스마트팜으로 농업이 발전되었으면 하는 희망을 가진다.

농업은 2019~20 회계연도 기준 파키스탄 GDP의 19.4% 비중을 차지하고 있으며, 전체 인구의 약 38.5%가 종사하는 주요 산업에 해당한다. 파키스탄 정부는 2017년 당시 농업 분야 성장을 위한 계획으로 국가 식량안보 정책National Food Security Policy을 발표하고 식량 안정성 확보를 위한 농업 성장률 목표를 연 4%로 지정했다. 목표 달성 방안으로 농업 지역 인프라 확충, 비료 보급, 안전한 살충제 사용, 종자 개발 등을 통해 전반적인 산업 생산성을 향상시키는 내용을 포함하고 있다.

파키스탄 정부는 단순 농업 산업에만 그치는 것이 아니라 트랙터, 불도저, 컴바인 수확기, 탈곡기 등 양질의 농업

기계를 확보하여 적절한 가격에 제공함으로써 농업 기계화를 이끌고자 하며, 수자원의 효율적 관리를 위한 관개 시설 정비에도 관심을 기울이고 있다. 고품질 비료 확보를 통한 작물 재배 생산성 향상을 위한 다양한 정책도 도입하고, 종자 생산 연구 및 품질 관리에 지속적인 자원을 투입하며 우량 종자 개발을 위해 노력하고 있는 등 농업 부분에 많은 관심과 비용을 투자하고 있다. 추가로 농업 분야 신용 대출 등 금융 지원 확대도 이루어지고 있으며 다양한 방면으로 지원을 시도하고 있다.

◆ 파키스탄의 트랙터

| 지능형 농장의 등장, 스마트팜

이제는 사막에서도 농사를 짓는 시대이다. 컨테이너 박스형 스마트팜이 인기를 끌고 있다. 여러 형태들의 스마트팜도 많지만, 가장 기초적인 인력 동원으로 가능한 기초적인 스마트팜을 구성하면 어떨까?

지능형 농장, 스마트팜이란 정보통신기술ICT을 활용해 '시간과 공간의 제약 없이' 원격 및 자동으로 작물의 생육환경을 관측하고 최적의 상태로 관리하는 과학 기반의 농업방식이다. 농산물의 생산량 증가는 물론, 노동시간 감소를 통해 농업 환경을 획기적으로 개선한다. 빅데이터 기술과 결합해 최적화된 생산·관리의 의사결정이 가능하다. 최적화된 생육환경을 제공해 수확 시기와 수확량 예측뿐만 아니라 품질과 생산량을 한층 더 높일 수 있다.

우리나라 스마트농업은 농업농촌과 관련된 제 분야로 확대되고 있지만, 아직까지는 스마트팜을 핵심으로 하여 전개되고 있다. 우리나라 스마트팜은 기술의 진전 정도에 따라서 1세대, 2세대, 3세대로 나뉘고, 기술 수준은 간편형과 복합환경제어형이 혼재되어 있는 1.5세대에 머물러 있는 것으로 평가되고 있다.

1세대 스마트팜은 편리성 증진이 주요 목적으로서, 일본 추격형으로, 2세대 스마트팜은 생산성 향상이 주요 목적으로서 네덜란드 추격형, 3세대 스마트팜은 글로벌 산업화를 목적으로 하는 플랜트 수출형이 그 특징이다.

국내 스마트팜 시장 규모는 18년 1조 2,755억 원에서 연평균 23.44% 성장하여, 23년 3조 6,508억 원 규모에 이를 것으로 전망되고 있다. 유럽, 미국 등은 적극적인 정부 지원과 함께, 자체 개발 시스템을 적용해 생산성 향상과 경비 절감에 초점을 맞춰 스마트팜 시장을 선도하고 있다.

◆ 전세계 스마트팜 시장 전망 (출처 : MarketsandMarkets)

USDA2018에 따르면 향후 10년간 세계 농산물 수요 및 무역 규모는 2027년까지 지속적으로 증가할 것으로 예상되지만, 10년 전보다는 다소 성장세가 주춤할 것으로 예상된다. 선진국들의 경제 성장은 다소 둔화될 것으로 보이지만, 농산물 수요는 안정적인 추세를 유지할 것이며 신흥 개발도상국의 꾸준한 소득 증가세가 세계 농산물 수요의 지속적인 성장세를 이끌어갈 것으로 예상된다. 대부분 개발도상국들의 농산물에 대한 수요는 자국 내 생산 규모보다 매우 빠르게 성장할 것이며, 초과 수요의 대부분을 자국 내에서 충족시키기 어려워 수입 의존도가 크게 증가하고 있는 실정이다.

하지만 개발도상국의 인구는 세계적으로 빠른 속도로 증가하고 있으며, 1인당 소득의 급격한 증가, 도시화, 인프라 및 식품체인시스템food chain system의 향상, 현대식 식품시장에 대한 접근성 개선 등으로 인해 식품 소비패턴이 변화함에 따라서, 파키스탄 지역을 다니다보면 현대화된 과수원으로 잘 가꾸어지면 좋겠다는 생각이 든다. 수확량, 맛, 상품성을 더 좋게 하기 위한 생각들과 노력이 함께하면 가성비 좋은 상품이 나올 듯하다.

◆ 대한민국 용인의 스마트팜 내부 모습 (출처 : 신세계그룹 뉴스룸)

| 한국 새마을 운동의 보급을!

◆ 1973년부터 관공서 앞에 게양하는 새마을 기, 그리고 그와 관련된 표지판

　　새마을 운동은 1970년 초 대한민국 농촌의 현대화를 위해 시작되어 박정희 정부 주도로 시행된 운동이다. 새마을 운동은 풀뿌리 지역사회개발운동으로 정의되기도 한다. 이 운동은 박정희 정부에 의해 1969년 새마을 운동으로 명명되었고, 전국적으로 시행되어 1974년에는 도시와 공장으로도 확

대되었다. 1973년부터 새마을 운동을 대대적으로 홍보하여 전국민적 운동으로 확산시켰다.

1972년 1월 31일, 각 지역에서 선발한 140명이 연수원에 입교했으며 이것이 새마을지도자 교육과정의 출발이었다. 정부는 1980년대 초반까지 시멘트와 철근 등 총 비용의 절반가량을 투자하여 지원하였다. 1973년부터 지원금을 대폭 늘려 1971년 41억 원, 1972년 33억 원에서 격증하여 1973년 215억 원, 1974년 308억 원, 1979년에는 4252억 원까지 정부 예산 지원을 늘렸다. 또한 민간단체의 지원과 성금도 꾸준히 들어와 1972년 17억 원에서 1979년 2032억 원의 지원금이 들어왔다.

'새마을노래'는 방송 매체를 통해 아침, 저녁에 방영되었고 국민운동화된 새마을 운동의 성공 사례는 일간신문에 소개되기도 하였다. 1973년 9월 21일 경제 4단체는 새마을 운동을 생산직 노동자들을 대상으로 공장에 도입하는 방안을 토의하였으며 11월 21일 제1차 새마을 지도자 대회가 열려, 운동을 범국민적으로 확산시킬 것을 결의하는 등의 노력이 지속되었다.

결과적으로 새마을 운동은 농업 경쟁력을 향상시켰고 시민들의 참여를 통해 공동체 의식, 자발적 참여 의식 회복에 기여하였다. 세계적으로는 농촌 개발의 모델로서 박정희 대통령의 가장 획기적인 정책으로 긍정적인 평가를 받았다.

2006년 9월, 서울에 방문한 카자흐스탄 시민당 아자트 페루아슈 의장이 한국의 고도 성장을 높게 평가했었다. 국내 기업의 현지 진출이 늘면서 한국에 대한 관심이 높아진 것도 사실이며, 페루아슈 의장은 "카자흐스탄에서 삼성, 현대, LG 등 한국 기업은 이미 널리 알려져 있다"며 "다른 나라보다 품질이 좋기 때문에 한국 제품이 인기"라고 말했다.

카자흐스탄은 1991년 독립한 독립국가연합CIS 소속 신생독립국이지만 누루술탄 나자르바예프 대통령이 취임한 이후 연평균 두 자릿수의 고도성장을 기록했다. 원유, 가스, 우라늄 등 에너지 자원이 많고 알루미늄, 구리, 크롬, 철 등 광물자원도 풍부해 국제 사회가 주목했기 때문이다. 이에 따라 '새마을 운동' 등 한국의 고도성장 과정에 높은 관심을 나타내고 있는 페루아슈 의장을 통해 한국과 카자흐스탄, 양국 경제 협력의 가능성과 현지 상황을 공유하기도 했다.

또한 2022년에는 한국이 키르기스스탄 남부에 있는 30개 농촌 마을에서 '새마을운동'을 모델로 한 개발 사업을 진행한다. 한국국제협력단코이카과 시민사회단체NGO 굿네이버스가 손잡고 향후 3년 동안 중앙아시아 키르기스스탄 남부 오슈주, 바트켄 주에서 '통합적 농촌 개발사업'을 벌이기로 한 것이다.

30개 농촌 마을의 인프라 개선과 농가소득 증대를 꾀하기 위함이며, 이들 마을의 '개발위원회'와 '여성위원회'를 조직하고, 주민들의 수요에 맞춰 도로와 보건소 등 인프라 시설을 구축한다. 농가 소득을 높일 수 있는 농·축산 기술을 교육하고, 판매 활로도 개척한다.

지역정부 관계자가 직접 현지 상황에 맞게 농촌개발 전략을 수립할 수 있도록 정책도 자문한다. 현지 공무원들을 대상으로 우리나라 농촌개발 경험도 전수할 계획이며, 코이카는 "마을 주민 8만5천여 명이 혜택을 받을 것"이라고 전망했다. 파키스탄에도 새마을 운동의 보급으로 농촌과 도시, 국가 전체에 경제발전이 자리 잡기를 희망한다.

PART TWO
2부
금빛 미래

리더십 사례 및 시사점 · 221
리더와 리더십 · 225

제1장

금빛 미래의 중심은 리더

|리더십 사례 및 시사점

[1]

1982년 청산가리가 일부 타이레놀 캡슐에 혼입(混入)되는 범죄로 인해 여덟 명이 사망하는 사고가 발생하였다. 이에 대한 긴급 대응책으로 존슨앤드존슨*은 모든 재고 물량을 처분하기로 결정하였다. 그리고 이미 출고(出庫)된 타이레놀 총 3,100만 병을 전량(全量) 회수하였다. 이러한 대형 사고로 인하여 1억 달러가 지출되었다. 이 사태가 존슨앤드존슨의 과실(過失)이 아니라는 것이 밝혀졌음에도 불구하고 회사는 모든 비용을 기꺼이 지불하고 부담하였다.

존슨앤드존슨의 대응은 신속하고 솔직하였다. 즉시 미디어와의 완전한 공조(共助) 체제를 선택하였다. 일이 수습된 이후에는 청산가리가 들어갈 수 있었던 타이레놀 캡슐 형태의 제품 디자인을 아주 변경하여 모두 알약의 모양으로 교체하

----

* 존슨앤드존슨(Johnson & Johnson, 존슨앤존슨)은 미국의 제약회사이다. 본사는 미국 뉴저지 뉴브런즈윅에 소재하고 있다. 창립자는 제임스 우드 존슨, 로버트 우드 존슨 1세, 에드워드 미드 존슨이다. 1886년 14명의 직원으로 '의료장비 제조'의 취지를 가지고 설립되었고, 1888년 직원이 125명으로 늘어났고, 1894년에는 400명이 되었다. 설립 당시 초기의 성공은 혁신적 제품들과 종합병원의 등장 그리고 강한 브랜드 이미지의 개발 등에 힘입은 것이다. 참고로 존슨앤존슨 자회사 얀센(Janssen)의 코로나19 백신이 있다.

였다. 이를 위해 또다시 수백 만 달러의 비용이 발생하였다. 이러한 결정적 위기에 타이레놀을 전량 폐기하여 윤리경영의 모범을 이루는 대결단을 내린 주인공은 바로 존슨앤드존슨의 회장으로 있던 짐 버크Jim Burke*였다. 리더가 내릴 수 있는 결단력의 정수精髓를 보여 준 것이다.

[2]

이집트 원정遠征을 준비하는 과정에서 나폴레옹은 이집트인과 지형 그리고 과거 전투에 관하여 사전 연구를 진행하였다. 그 중에서도 특히 나폴레옹이 이슬람교의 경전經典인 코란Koran을 연구했다는 것은 주목할 대목이다. 이집트인들은 나폴레옹이 자신들의 관습과 생활방식에 관심이 많다는 사실을 알게 되었다. 그리고 나폴레옹이 보여준 더 나은 미래의 삶에 대한 가능성에 눈뜨게 되자 나폴레옹을 받아들였다. 다음은 나폴레옹이 이집트에 도착하자마자 연설한 내용이다.

---

* 짐 버크(Jim Burke)는 아일랜드계 미국인으로 유능한 CEO였다. 그 당시 '독극물 사건'에 대한 워싱턴 포스트(Washington Post)의 평가는 다음과 같았다. "존슨앤존슨이 사건에 대처한 모습은 회사 경영이 솔직하고, 잘못을 뉘우치고 있으며, 책임감이 강하다는 것을 입증하는 것이었다. 이것은 그들이 이번 독극물 사건을 신속하게 해결하고, 대중을 보호하는 일에 전념하고 있음을 알린 것이다."

"우리가 상대할 이들은 이슬람교도다. 이들의 교리에 따르면 신은 '알라'고, '무함마드'는 선지자다. 이들의 교리를 반박하지 마라. 유대인과 이탈리아인을 대한 것과 똑같이 대하라. 이슬람 율법학자 mufti들과 성직자 imam들에게는 랍비나 주교를 대하듯 동일하게 존경을 표하라. 로마 가톨릭은 모든 종교를 보호한다. 앞으로 만날 이들의 관습은 유럽인의 것과는 다르다. 제군諸君들은 이를 받아들일 줄 알아야 한다." 리더의 깊이와 넓이를 알 수 있는 사례事例이다.

[3]

위의 [1]과 [2]의 사례 중에서 '나폴레옹의 이집트 원정' 사례는 리더의 창조적 전환이 돋보이는 내용이다. 리더의 창의 및 창조에 기반한 비전과 방향성을 구성원들이 문화 유전자처럼 공유한 것이다. 이렇듯 리더가 창의성이 중요하다는 사실을 체감하고 이를 실현할 수 있는 시스템을 구축할 때 비로소 성과가 도출된다. 이때 조직에 대해 구성원의 집합체 이상의 시스템 관점에서의 분석이 필요하다.

창의성은 현재 불편함을 느끼는 바로 그 지점을 해결하는 것에서 시작된다. 창의성은 문화·예술 분야의 전유물이 아니다. 상대방 내지 고객들의 불편·불만족 지점인 미충족 부분 또는 페인 포인트 pain point를 찾아내면 그것이 바로 창의성의 시작점이다. 그리고 창의성은 조직 창의성으로 전이·확산되어야 한다.

그러므로 변화와 혁신을 추구하면서 지속 가능 경영을 도모하려는 조직체의 경우 창의적 리더의 역량 강화 및 리더십 개발은 선택의 문제가 아닌 조직 또는 기업의 경쟁력 강화를 위한 전략적 필수 조건이다. 즉 리더십은 기업의 핵심성공요소이며 단지 기업경영 이외에도 각각의 여러 가지 조직체 등 사회 전반에 걸쳐서 요구되는 핵심요소이다.

| 리더와 리더십

리더leader는 타인에게 영향력을 행사할 수 있거나 관리권한을 지니고 있는 사람이다. 이와 관련하여 리더십leadership은 리더들이 실행하는 것으로 집단을 지휘해서 집단으로 하여금 목표를 달성하도록 영향력을 행사하는 일련의 과정이다. 한편 존 퀸시 애덤스John Quincy Adams는 아래와 같이 리더에 대하여 간명簡明하게 표현하였다.

"당신의 행동이 다른 사람들에게 꿈을 심어주고, 더 배우게 하고, 더 행동하게 하며, 더 성공하도록 북돋아준다면, 당신이 바로 리더이다." 애덤스의 말은 리더십의 가치를 강조한다. 직장, 학교, 가정 어디든지 효과적인 리더십은 중요하다.

리더십은 결국 어떤 개인이 공동 목표의 달성을 위하여 집단 구성원들에게 영향을 미치는 과정인 것이다. 따라서 리더가 되기 위하여 반드시 공식적인 차원에서의 권한이 필수인 것은 아니다. 왜냐하면 조직과 관련된 문제를 추구하고 해결하는 데 타인에게 영향력을 행사하는 사람이 리더이기 때문이다.

이러한 관점은 리더가 조직에 미치는 광범위한 영향을 강조한 것이다. 특히 21세기의 리더들은 변화를 통한 선도 및 주도, 디지털과 인공지능 기반 기술에 대한 이해, 초불확실성 속에서의 모호성 및 불확실성 수용 등 중요하고도 새로운 역량 개발의 핵심 과제에 직면하여 있다.

리더십은 조직 목표의 달성을 위해 생산적으로 활동할 수 있도록 조직 구성원들을 동기부여하고 영향력을 주며 지도하는 과정이다. 이러한 리더십의 정의 내지 개념과 관련한 표현은 여러 가지이다. 그중에서도 핵심이 되는 대표적인 내용을 간추려서 요약하자면 다음과 같다.*

* 리더십은 조직 구성원의 활동에 영향을 미침으로써 조직의 목표를 성취하여 내는 지도력이라고 할 수 있다.

* 리더십은 리더를 따르는 추종자가 있을 때 발휘된다. 아무리 뛰어난 사람이라도 그를 따르는 사람이 없으면 리더라고 볼 수 없다.

---

* Leadership is the process of influencing the activities of an organized group toward goal achievement. A leader is someone who has followers. Without followers, there can be no leaders. The leader's job is to get results. A leader turns bold objectives into reality. Leadership is not position, rank, titles, or privileges. It is a responsibility.

* 리더십은 궁극적으로 경영성과의 실현을 통하여 평가된다. 아무리 훌륭한 자질이 있어도 성과 창출이 없다면 성공적인 리더라고 할 수 없다.

* 리더십은 지위, 계급 또는 특권이 아니라 하나의 책임이다.

　　　　한편 리더와 관리자의 관계와 관련한 두 활동은 동의어가 아니다. 일반적으로 관리자*는 계획, 조직, 지휘, 통제와 관련한 기능을 수행한다. 이에 비하여 리더는 다른 사람에게 영향을 미치는 것에 중점을 둔다. 리더는 다른 사람들에게 영감을 주고, 정서적 지원을 제공하며, 구성원들이 공동 목표를 중심으로 결집하도록 노력한다. 동시에 리더는 조직 비전과 전략 계획을 수립하는 데도 중요한 역할을 한다. 그러면 관리자들은 그 비전과 계획을 실행하는 책임을 진다.

　　　　동일한 본질에 대하여 덧붙이는 설명을 시도하여 보면 다음과 같다. 우리는 여전히 리더십 그리고 관리의 의미를 같은 것으로 바라보는 실수를 한다. 이 두 가지는 실제로는 다

---

* 관리자는 일반적으로 경영 능력은 보유하고 있으나, 창의성 그리고 혁신성이 부족하다. 기존 자원의 효율적 관리를 중시하는 관료형 조직에 적합하다.

른 개념이다. 사람은 관리자가 될 수도 있고, 리더가 될 수도 있다. 또한 관리자이면서 리더가 될 수도 있고, 심지어 관리자도 아니고 리더도 아닐 수가 있다. 관리의 주요 활동은 계획planning, 조직organizing, 지휘leading, 통제controlling의 네 가지이다. 그리고 리더십의 주요 활동은 의제 선정agenda setting, 조율aligning, 영감 주기inspiring, 관찰monitoring의 네 가지 활동으로 크게 나누어 볼 수 있다. 바로 지금 열거된 활동은 일단은 모두 각각 구분되며 때에 따라서는 중복되기도 한다.

PART TWO
2부
금빛 미래

리더와 전략적 리더십 · 232
전략적 리더의 기대 요소 · 234

제2장

전략적 리더십

| 리더와 전략적 리더십

리더에게 요구되는 중요한 전략적 역할은 조직 구성원에게 전략적 리더십*을 발휘하여 조직의 성과를 제고하기 위하여 자신이 가진 모든 지식, 열정과 몰입을 집중하는 것이다. 그리고 리더가 해야 할 가장 중요한 일 중의 하나는 조직에 방향을 제시하는 것이다.

강력한 리더들은 조직의 방향에 대한 명확하고 강렬한 비전을 가지고, 이러한 비전을 조직 구성원들에게 호소력 있게 전달함으로써 조직에 활력이 넘치도록 한다. 그리고 조직 문화의 일부분으로 정착될 때까지 끈질기고 일관성 있게 구성원들과 비전에 대하여 소통한다. 성공적인 리더들은 비전과 이노베이션 그리고 비즈니스 모델에 대한 강력한 몰입을 말뿐만이 아니라 행동으로 구성원들에게 보여준다.

전략적 리더십 strategic leadership은 미래를 예상하여 형

---

* 전략적 리더십에 대한 개념과 정의는 다양하다. 여기에서 전략적 리더십은 다음과 같은 모습으로 이해하기로 한다. 전략적 리더십은 리더 또는 경영진이 조직의 목표를 추구할 때 다른 사람의 행동들을 지휘하기 위하여 권력 그리고 영향력을 사용하는 것이다.

상화하고, 유연성을 유지하며, 다른 사람에게 권한을 부여함으로써 필요한 전략적 변화를 만들어내는 역량이다. 전략적 변화strategic change*는 어떤 기업이 전략적 선택 및 실행의 결과로 인하여 나타나는 변화이다.

전략적 리더십은 태생적으로 다기능multifunctional이다. 전략적 리더십은 다른 사람을 관리하는 일이며, 개별 기능 단위보다 전체 조직을 대상으로 관리하는 일이다. 그리고 글로벌 경제에서 점차 증가하고 있는 변화에 적응하는 일이다.

전략적 리더는 불확실한 환경 속에서 어떻게 해야 효과적으로 조직 구성원의 행동에 영향을 끼칠 수 있는지를 학습해야 한다. 언행言行과 개인적인 솔선수범率先垂範은 물론이고 미래에 대한 전망을 제시하는 등 여러 가지 방법을 통하여 전략적 리더는 함께 일하는 구성원들의 행동과 사고 그리고 감정에 의미있는 영향을 주어야 한다.

---

* 전략적 변화는 어떤 조직 또는 어떤 기업이 전략을 채택하고 실행한 결과로 인하여 나타나는 변화이다.

| 전략적 리더의 기대 요소

　　　　인적 자본의 마음을 이끌고 그들을 관리하는 능력은 전략적 리더에게 가장 필요한 기술 중 하나이다. 특히 유능한 인적 자본이 부족하여 기업의 성장을 이루지 못하고 있는 경우에는 더욱 그렇다. 기업의 인적 자본이 보유하고 있는 지적 자본과 함께 지식을 관리하며 혁신을 이루어 낼 수 있는 능력이 뒷받침될 때 비로소 전략적 리더의 성취와 성공이 가능하다. 혁신 즉 이노베이션innovation에 관해서는 3장 그리고 4장에서 다루기로 한다.

　　　　또한 효과적인 전략적 리더는 이해관계자*들이 최대한의 능률을 보일 수 있는 환경을 조성하고 지원한다. 인적 자본을 끌어들이고 관리할 수 있는 능력과 기업이 성장할 수 있는 환경을 마련하고 더불어 키워갈 수 있는 능력을 발휘하는 것은 매우 중요하다.

---

* 피고용자, 소비자, 공급자 등

PART TWO
2부
금빛 미래

혁신의 연원(淵源) ·238
혁신의 범위 및 확장 ·243

제3장

이노베이션의 개념 및 범위

| 혁신의 연원(淵源)

이노베이션 즉 혁신innovation은 기술 그리고 제품에 국한된 이야기는 아니다. 제도의 혁신도 그에 못지않게 중요하다. 일례로 '피어 리뷰peer review', 이른바 '동료 평가제'를 2022년부터 도입하는 기업들이 있어 화제가 되고 있다.

참고로 해외의 학계와 업계에서는 '피어 리뷰'가 이미 2000년대 초반부부터 상당한 유행을 보임에 따라 선풍적 관심을 모으면서 활용되었다. 이러한 점을 감안한다면 도입 시점 기준만을 놓고 볼 때는 상당한 시차를 절감切感할 수 있다.

기업은 성장하기 위하여 혁신하며, 많은 기업들이 혁신을 통해 성공하였다. 그리고 성공한 혁신 기업들이 스스로를 파괴하는 씨앗을 뿌린다는 생각은 이미 슈페터Joseph Schumpeter*가 일찍이 일갈一喝한 바 있다. 이른바 기존의 경제

---

* 경제학자 조지프 슘페터(Joseph Schumpeter, 1883~1950)는 케인스와 더불어 경제학의 양대 산맥으로 평가받는다. 케인스는 수요 측면에서 접근하여 경기침체의 해법으로 정부의 재정 지출을 내놓았다. 반면 슘페터는 공급 측면에 눈을 돌려 '기업가'야말로 불황을 깨는 주체며 기업가의 혁신적 사고와 도전이야말로 자본주의의 핵심이라고 주장했다. 그가 주창한 '창조적 파괴(creative destruction)'란 기업가의 혁신을 통해 기존의 경제 질서를 넘어서는 새로운 경제 패러다임이 탄생하는 과정이 무한히 반복됨을 뜻한다.

구조가 새로운 기술 혁신이나 조직 혁신에 의하여 파괴되어 가는 '창조적 파괴creative destruction'의 과정을 설명하였다.

슘페터가 이 용어를 처음 사용한 시점은 1942년이었다. 슘페터는 낡은 것을 계속 대신하고 대체할 혁신적인 자본주의 상품과 방법이 과연 무엇인지를 설명하고자 '창조적 파괴'라는 말을 사용한 것이다. 그는 "공장은 대장간을 쓸어버렸고, 차는 말과 마차를 대신하였다."와 같은 사례를 거론하였다. 그리고 다음과 같이 강조하였다. "자본주의에서 창조적 파괴는 가장 핵심적인 사항이다. 안정된 자본주의란 용어 자체가 모순이다." 아울러 슘페터는 성공한 기업들까지도 이러한 창조적 파괴에 취약하다는 사실도 강조하였다. 혁신의 어려움을 강조한 것이다.

슘페터에 의하면 기업은 세 가지 유형의 혁신 활동을 수행한다고 주장하였다. 첫째, 새로운 제품 또는 프로세스를 창조하고 개발하는 발명invention이다. 둘째, 혁신innovation은 발명품을 상용화commercialization하는 과정이다. 다시 말해 발명은 혁신의 선행 조건이다. 발명은 새로운 것을 창조하고, 혁신은 새로 창조된 발명을 상용화시킨다. 따라서 기술적 요건은 발명의 성공을 결정하고, 상용화 요건은 혁신의 성공을 결정하게 된다. 마지막인 셋째는 모방이다. 모방imitation은 다른 기업의 유사한 혁신을 채택하는 것이다. 이를 통해 시장에서 제품이 표준화되고, 모방된 상품들의 기능을 단순화하여 저가에 출시되기도 한다. 한편 기업가정신은 발명과 혁신 사이의 연결고리 역할을 담당하므로 혁신 활동에서 기업가정신은 매우 중요하다.

인간 그리고 동물과 같은 자연종에게 DNA는 본질적으로 불변에 가깝다. 그런데 인간과 다르게 기업은 자신의 DNA를 만들고 또한 바꿀 수 있다. 체계적으로 혁신 전략을 수립하고 혁신 시스템을 설계하며 혁신 문화를 구축함으로써 기업 규모와 무관하게 혁신 역량을 개발하고 혁신할 수 있는 것이다.

'혁신'을 라틴어 어원 관점에서 살펴보면 그 뜻은 노바nova 즉 새롭다는 의미이다. 좀 더 검토하면 다음과 같이 설명을 할 수 있다. 혁신의 영어 표현 innovation은 라틴어로 '-으로'라는 의미의 'inno into' 그리고 '새롭다'라는 의미의 'novus new'가 결합하여 '새로운 것으로의 변화'라는 뜻을 지니게 된다.

　　　　혁신에 대한 개념은 여러 가지이다. 독자(讀者)의 입장에 따라 취사선택해야 할 것이다. 아래의 내용에서 열거한 순서 그 자체가 '순서 서열'적인 특별한 의미를 지니는 것은 아니다. ① 혁신이란 아이디어를 새로운 제품이나 프로세스에 실제로 적용하는 것을 뜻한다. ② 혁신이란 독창적이고 의미가 있으며 가치 있는 새로운 제품이나 프로세스 혹은 서비스에 지식을 구현하거나 결합·합성을 하는 행동이다. ③ 혁신이란 아이디어를 제품화하는 발명 단계와 이를 사업으로 전환하는 상업화 단계로 구성된다. ④ 혁신이란 시장 또는 고객 욕구*에 부응하는 새로운 제품 및 서비스를 선도적으로 개발하는 과정으로 신시장의 선행적 반영이 중요하다. ⑤ 혁신의 아버지라고 지칭되는 슘페터는 기존 지식과 새로 습득한 지식의 재조합을 혁신이라고 하였다. 이와 같이 다양한 내용으로 표현

----

* 누구나 의식주를 포함하여 생활에 필요한 여러 가지 제품과 서비스에 대한 욕구를 가진다. 욕구는 근본적 욕구(fundamental needs)와 구체적 욕구(specific wants)로 구분할 수 있다. 근본적 욕구는 살아가면서 필요한 음식, 의복, 가옥, 안전, 편안함 등 본원적(generic)이고 근본적 대상에 대한 욕구이다. 이에 비하여 구체적 욕구는 근본적 욕구의 실현 수단에 대한 욕구이다. 예를 들자면 배고픔을 해소할 수 있는 구체적 수단으로 다양한 식품 또는 음식이 있다. 즉 햄버거, 비빔밥, 설렁탕, 스파게티 등이 그것이다. 참고로 소비자 구매의사결정의 시작점이 바로 '욕구인식'이다. 소비자 구매의사결정단계는 욕구인식, 정보탐색, 대안평가, 구매결정, 구매 후 평가로 이루어지는 것이 일반적이다.

되는 혁신은 결국 새로운 기술과 더불어 시장에서의 상업적 성공이라는 두 가지 축으로 구성된다. 결론적으로 '혁신'은 새로운 기술의 등장 또는 새로운 고객 욕구의 발굴과 같이 구성 요소가 변화되거나, 혹은 이들 기술과 고객의 새로운 조합과 같이 방법이 변화될 때 비로소 나타남을 알 수 있다.

| 혁신의 범위 및 확장

　　　　혁신의 범위와 관련하여 볼 때, 혁신 역량이 출중^{出衆}한 기업들은 단순한 제품의 개선이나 기술의 향상보다는 산업의 형태 자체를 변화시키는 잠재력이 막강한 신제품이나 획기적 기술을 선도한다. 이러한 기업에서의 혁신은 새로운 제품이나 서비스를 개발하는 것 그 이상을 아우르는 개념이다.

　　　　혁신 즉 이노베이션은 조직 또는 기업 내부의 창의적 문화, 실험 및 협력 장려 등의 활성화를 촉진한다. 그리고 동시에 시장 공간의 확대 및 변환 그리고 신시장 플랫폼 창출 등 이른바 총칭^{總稱}하여 미래 신시장의 영역을 창출한다. 그러면 이는 다시 혁신의 성공으로 인하여 여유 자원이 증대하게 된다. 그리고 바로 이 여유 자원의 증대를 통해 개방적 혁신의 과정으로부터 협력한 고객, 공급자, 경쟁자 등을 포함하여 혁신 파트너가 증가하게 된다. 이러한 여유 자원의 증대와 혁신 파트너의 증가는 창의적 문화와 실험 및 협력의 장려로 선순환적으로 직결된다.

한편 피터 드러커Peter Drucker*는 "혁신은 기존 사업, 공공기관, 신생 벤처 기업 등 어디서든지 나타날 수 있는 기업가정신의 특정한 기능이다."라고 언급한 적이 있다. 이에 덧붙여 드러커는 혁신은 "기업가가 새로운 부를 창조하기 위한 자원을 개발하는 방법 또는 이미 존재하는 기술을 기부하여 새로운 부의 창조 가능성을 만드는 것"이라고 설명하였다. 그러므로 기업가정신과 이노베이션의 결과는 전략적 경쟁력 그리고 평균 이상의 수익을 지향하는 기업에 대단히 중요하다.

글로벌 기업가정신global entrepreneurship은 국내 시장을 넘어 해외 시장에서 창의적으로 새로운 기회를 찾고 활용하려는 과정이다. 즉 기업가정신은 수많은 기업이 국내 및 국외에서 실행하는 과정이다. 기업이 글로벌 기업가정신을 창출하려고 하는 이유 및 배경은 글로벌 기업가정신이 기업 성과를 증대시키기 때문이다. 그럼에도 불구하고 시장 선도 기업들의

---

* 피터 드러커(P. F. Drucker, 1909~2005)는 현대경영학을 창시하고 체계적으로 수립한 경영학자이다. 산업혁명 이후 등장한 기업이라는 조직을 정의하였고 사회를 구성하는 중요한 조직으로 보았다. 기업은 영리를 추구하는 경제적 조직이지만 또한 사회공동체적 조직으로서 역할한다고 주장하였으며, 경영(management)이라는 분야를 학문으로서 새롭게 확립하는 데 기여했다. 경영자는 경제적 재원을 효율적으로 운용하고 관리함으로써 경제적 성과를 산출할 수 있으며 나아가 인간의 생활을 보다 향상시킬 수 있다고 생각했으며 높은 수준의 생산과 소비는 인간 생활의 발전을 가져올 것이라고 보았다. 그리고 미래에는 지식사회가 도래할 것이라고 예견하기도 했다.

글로벌 기업가 활동에는 어려움 및 위험이 수반된다. 이러한 위험에는 시장 비효율성, 사업 지원 기반 부족, 환율 변동 그리고 시장 규모에 의한 위험성 등을 포함한다. 따라서 글로벌 수준의 기업가정신과 관련한 의사결정에는 세밀한 분석이 요구된다.

국가별로 기업가정신의 수준은 서로 다르며, 이유는 국가별 문화 차이가 대표적이다. 기업가적 행동을 촉진시키기 위해서는 혁신의 개인 주도, 협력 정신 그리고 그룹 오너십 간의 균형이 필요하다. 즉 기업이 기업가정신을 제고하기 위해서는 적절한 수준의 자율권과 개인 주도에 대해 인센티브를 제공해야 한다. 또한 동시에 기업가정신의 활용에 기반이 되는 혁신에 대한 그룹 오너십과 협력을 촉진시켜야 한다. 그러므로 글로벌 기업가정신은 차별화되고 특유의 기술 및 자원을 보유한 구성원들로 구성된 최적의 팀을 필요로 한다. 아울러 더욱 더 혁신 역량을 구축해야 하고, 혁신이 성공적으로 활용되도록 하는 의사결정에 필요한 인적 자원을 포함한 광의(廣義)의 각종 자원의 획득에 집중해야 한다.

PART TWO
2부
금빛 미래

혁신의 원천 · 248
혁신의 성공 · 250

제4장

이노베이션의 주요 포인트

혁신의 원천

시스템으로서의 혁신의 대표적 원천은 기업, 대학, 정부 출연 및 각종 연구소, 비영리단체, 개인의 다섯 주체가 대표적이다. 그런데 여기서 더욱 중요한 혁신의 원천은 개별적 원천보다는 원천 간의 연결고리에서 발생한다. 여러 다른 원천에서 이루어진 지식 및 자원을 적절하게 활용하는 혁신자들의 네트워크가 가장 강력한 주체 중 하나이기 때문이다.

혁신은 새로운 아이디어의 생성으로부터 시작된다. 새롭고 유용한 아이디어 또는 내용물을 만들어내는 능력은 창의성이라는 용어로 정의된다. 가장 창의적인 제품은 그것을 만드는 사람, 그 지역의 대중, 더 나아가 여러 계층의 사람에게도 새로운 것이다.

한편 조직의 창의성은 조직 내 구성원들의 창의성과 개인들이 행동하고 교류하는 방식에 영향을 미치는 다양한 사회적 프로세스와 맥락 요소의 복합적 결과이다. 따라서 한 조직의 전반적인 창의성의 수준은 그 조직이 고용한 개인 보유의 창의성을 단순 합산한 것 그 이상이다.

혁신 또는 이노베이션을 가장 간결하게 표현하자면 '새로운 가치 창출' 정도로 개념화 또는 정의할 수 있다. 이제 우리는 혁신을 통한 신성장 동력의 발굴과 함께 완전 차별화 쪽으로 나아가야만 생존할 수 있다. 초격차 지향의 지능·지식 기반경제에서 차별화의 근원은 극강極強의 초기술력은 물론이고 디자인·브랜드·경영 시스템 등 무형 자산들까지도 포함된다.

이를 바탕으로 기업은 단지 '빠른 선도자Fast Pioneer'에서 실질적인 '시장 주도자Market Leader'로 변신해야 한다. 혁신 지향적 기업이 되기 위한 경영전략에서 혁신이란 차별화 역량을 확보하기 위한 새로운 방식을 뜻한다. 전통적인 의미의 제품·기술 혁신과 더불어 비즈니스 모델 혁신과 함께 생산 방식의 혁신 등도 중요한 혁신의 유형이다.

예컨대, 고객 맞춤형 생산Mass Customization으로 PC산업의 비즈니스 모델을 혁신한 Dell의 사례는 사업 모형 혁신의 좋은 사례이다. 기존의 대량생산 방식 대신 혁신적인 린Lean* 생산 방식을 도입하여 한때는 세계 최강의 자동차 업체로 부상한 바 있는 '토요타Toyota' 사례는 생산방식 혁신이 근본적인 경쟁력 강화로 이어진 사례이다.

---

* 토요타 자동차의 '린 생산방식'에서 시작된 '린(Lean)' 개념은 최소 자원으로 최대 효과를 내고자 하는 시스템이다.

| 혁신의 성공

혁신이 비즈니스 모델* 그리고 생산 방식의 변혁을 통하여 전사적全社的인 가치 창출의 형태로 나타나는 경우 기존의 제도와 문화에 얽매어 있는 경쟁자들은 쉽게 모방하지 못한다. 혁신의 중요성은 아무리 강조하여도 부족하다.

성공적으로 혁신을 추진하기 위해서 기존의 기업들은 어떠한 점에 유념해야 하는가? 첫째, 기업의 존립 목적은 고객가치 창출을 통한 이윤 창출이다. 그러므로 고객 니즈needs에 대한 깊은 통찰력을 갖추고 있어야 한다. 혁신 활동의 주춧돌이며 출발점이기 때문이다.

둘째, 혁신은 변화를 필연적으로 수반한다. 이에 따

---

* 비즈니스 모델이란 하나의 조직이 어떻게 가치를 창조하고 전파하며 포착해내는지를 합리적이고 체계적으로 묘사해낸 것이다. 대다수의 산업은 지배적인 비즈니스 모델에 의해 그 특징이 정해졌다. 하지만 이런 현상은 급격하게 변하고 있다. 오늘날에는 새로운 비즈니스 모델을 설계할 때 더 많은 선택의 범위가 존재한다. 게다가 동일한 시장에서 여러 비즈니스 모델이 경쟁한다. 산업 간의 경계 역시 허물어지거나 완전히 사라지고 있다. 지금 세계 곳곳에 비전을 품고 판도를 바꾸려는 과감한 도전자들이 기업가로서 혹은 조직의 구성원으로서 혁신적인 비즈니스 모델을 만들고 있다. 자기 사업을 시작하는 기업가에게 과제는 새 비즈니스 모델을 디자인하고 성공적으로 실행하는 것이다. 반면 기성 조직의 경우, 현재의 비즈니스를 유지하면서 어떻게 새로운 비즈니스 모델을 실행하고 관리할 것인가라는 어려운 과제에 직면한다.

라 이해 관계자들의 저항 내지 반감을 초래할 수 있다. 그러므로 초경쟁 시장 속에서의 건전한 위기감을 최대한 고취시켜야 한다. 보다 개방적, 도전적인 조직문화를 구축해야 한다. CEO가 혁신의 챔피언 역할을 하면서 혁신활동을 주도하지 않는 기업은 결코 혁신할 수 없다.

특히 가치가 높은 와해적 또는 파괴적 혁신Disruptive Innovation이나 급진적 혁신Radical Innovation일수록 실패 확률은 더 높다. 장기간의 투자가 필요하기에 CEO의 지속적인 관심과 실질적인 총체적 지원이 필요하다.

혁신은 곧 도전이다. 실패를 용인하는 풍토의 기업이 혁신도 더 잘 진행하는 편이다. 3M은 실패로부터의 학습을 강조하고 실패한 직원들을 격려하기 위한 실패 파티까지도 열어준다. 이를 통해 개발한 대표적인 상품의 하나가 '포스트 잇'이다.

셋째, 혁신을 잘하기 위해서는 양손잡이 조직Ambidextrous Organization이 되어야 한다. 조직은 기본적으로 성공한 제품 그리고 기존 기술 경로에 천착穿鑿할 가능성이 많다. 당연히 단기간에 쉽게 성공할 수 있는 '존속적 혁신Sustaining

Innovation'에 안주한다. 존속적 혁신은 기존 제품의 품질 향상 그리고 원가 절감에 주로 초점을 맞춘다. 그러므로 안타깝게도 신성장 동력의 개발은 어렵다.

우리는 신성장 동력을 개발하기 위해서 '존속적 혁신'에 머무는 조직을 '오른손잡이 조직'이라 부른다. 여기에 진짜 성공적인 혁신을 하려면 와해적·급진적 혁신을 주도하는 왼손잡이 조직 개념이 덧붙여져야 한다. 왼손잡이 조직은 CEO의 확고한 지원을 바탕으로 보다 창의적이고 도전적인 인력, 개방적인 문화, 장기적인 평가 시스템 등을 통해 오른손잡이 조직과는 차별적으로 설계되어야 한다.

마지막으로, 혁신 과정에서 조직 내의 축적자산에만 의존하지 말고 조직 안팎의 자산을 광범위하게 활용해야 한다. 다양성 그리고 개방성이 혁신을 촉진시키는 중요한 근원이기 때문이다. 예를 들어 혁신의 중요한 동반자로는 핵심 공급업체와 더불어 스마트 컨슈머 Smart Consumer 내지 프로슈머 Prosumer를 들 수 있다. 이들은 혁신 과정에 동참하여 아이디어 제시 및 피드백의 과정에 기꺼이 참여하는 매우 적극적이거나 전문가적 성격의 고객이다.

신생 벤처 기업 및 기존 기업 그리고 심지어는 경쟁자와의 협력까지도 고려할 필요가 있다. 초불확실성*이 상존(常存)하고 있는 상황에서 원천기술을 개발하는 기업에 대하여 하나의 대안을 선택해 투자하는 것이 아니라 복수의 대안에 대해 소규모 투자를 하는 이른바 리얼 옵션 성격의 전략적 지분 출자의 사례도 탄력적으로 검토할 수 있겠다. 이제 우리의 조직 그리고 우리 기업은 혁신 지향성을 추구해 가야만 첨예하고도 복잡한 초경쟁에서 차별화된 핵심역량을 확보할 수 있다.

---

* 초불확실성은 오늘의 조직 그리고 기업이 처한 환경을 간결하게 표현한 것이다. 좀 더 자세히 살펴보면 다음과 같이 바라볼 수도 있다. 유동성(volatility), 불확실성(uncertainty), 복잡성(complexity), 모호성(ambiguity)이 확대 재생산되는 시대에 진입하였기 때문에 조직 또는 기업의 규모와는 관계없이 한 번의 잘못된 의사결정만으로도 사라지게 될 수 있다.

PART TWO
2부
금빛 미래

리더의 역할 · 256

리더의 유형 및 사례 · 257

효율적 리더십 · 260

제5장

리더의 유효성

| 리더의 역할

리더의 중요한 역할을 인식하는 것은 리더십 수행을 할 때 기본이 되는 사항이다. 리더의 역할을 현재와 미래, 조직 내부와 외부로 구분하면서 아래와 같이 그 역할을 압축하여 설명을 하기로 한다.

첫째, 방향 설정자direction setter이다. 조직의 비전 및 전략 방향을 수립하고 급변하는 외부 환경에 대응하면서 미래를 준비하는 역할을 한다.

둘째, 변화 선도자change agent이다. 현실과 현상에 안주安住하지 않고 지속적인 혁신과 변화를 추진하면서 미래의 바람직한 조직을 디자인하고 구현하는 역할을 한다.

셋째, 대변인spokesperson이다. 현재의 조직을 대외적으로 대표하면서 다양한 이해관계자들과 원만한 관계를 구축하고 유지하는 역할을 한다.

넷째, 코치coach이다. 조직 구성원의 동기부여와 권한의 위임 등을 통하여 조직 목표를 달성하고 개인의 역량 개발을 도와주는 역할을 한다.

| 리더의 유형 및 사례

고객만족과 종업원만족은 여전히 유효한 개념이다. 이 두 가지 개념을 바탕으로 리더십 기반의 전사적 혁신全社的革新에 성공한 사례를 온고지신溫故知新의 관점에서 다음과 같이 살펴보도록 한다.

지금의 유나이티드 항공으로 합병되기 이전의 컨티넨탈 항공사는 전체 항공기 중 오직 61%만 정시 운항하였던 기록이 있었다. 보잉을 1994년에 떠나면서 유나이티드 항공사 CEO에 취임한 고든 버튼Gordon Bethune은 정시 운항 보너스 제도를 전사적으로 실시하였다. 그리고 사장실 개방과 고객 선호형 취항지 선정 등 고객만족에 주력하여 최악의 항공사를 최우수 항공사로 혁신하였다.

이렇듯이 조직의 목표를 달성하기 위하여 조직 구성원들을 지도하고 동기부여하는 프로세스는 필수적이다. 이러한 핵심 기능을 우리는 리더십이라고 한다. 즉 조직 목표를 추구하기 위해 생산적으로 작업하거나 업무에 임할 수 있도록 조직 구성원들을 동기부여하고 영향을 주며 지도하는 과정이 리더십인 것이다. 리더십 발휘의 주체인 리더의 유형은 다양하다. 리더들 중에는 과묵한 경우도 있고, 직설적인 경우 그리고 섬세한 경우 등 여러 유형들이 존재한다. 카리스마가 넘치는 경우도 있고, 그러하지 아니한 경우도 있다. 이때, 리더십과 카리스마를 혼동해서는 안 된다. 이 두 가지 개념은 서로 다르다. 유능하고 훌륭한 리더 가운데에서도 카리스마가 거의 없는 리더가 있을 수 있다.

세계적인 리더들의 사례들을 살펴보면 다음과 같이 다종다양함을 알 수 있다. 사려가 깊은 가운데 우울한 분위기의 에이브러험 링컨, 불독과 같은 윈스턴 처칠, 정열적이고 달변인 마틴 루터 킹, '철의 여인'이라고 불리우는 마거릿 대처, 미래형 리더인 알렉산더* 등이 그 보기이다. 이들의 리더십 스타일은 서로 다르지만 저마다 각자의 스타일로 리더십을 발휘하였다.

이와 같이 리더십 스타일은 자신만의 것이어야 한다.

----

* 알렉산더 대왕은 미래를 내다볼 줄 아는 성공한 전략가로 평가받는다. 전투에서 전술적 지략으로 승리를 일구어낸 작은 영웅이 아니라, 전쟁의 승리라는 궁극적 목적을 달성한 최고 전략가이자 리더였던 것이다. 33년이라는 짧은 인생을 살다 간 알렉산더는 미래형 전략가인 동시에 리더십의 모범이다. 대제국을 건설하여 헬레니즘 문화라는 역사적 족적을 남긴 알렉산더의 전략적 사고와 현명한 행동은 오늘날에도 빛을 발하고 있다.

마하트마 간디가 커다란 담배의 일종인 시가를 물고 윈스턴 처칠을 닮으려는 광경을 상상하면 몹시 힘들다. 다른 사람을 닮으려고 노력하는 것은 가능한 일이다. 그렇지만 효율적인 리더십은 자기 자신의 내면에서 발전하는 것이 일반적이다.

결론적으로 당신 자신 이외에는 그 누구도 당신과 동일한 리더십을 발휘할 수 없다. 부연하자면 리더십 스타일이 리더 지위에 있는 개인이 다른 사람의 행동에 영향을 미치고자 시도하는 비교적 일관성 있는 방식임을 감안하면 마땅히 리더 특유의 리더십 스타일 형성은 자명^{自明}하다.

| 효율적 리더십

최적화된 효율적 리더십은 리더십의 기능 그리고 리더십 스타일의 결합이 겸비될 때 비로소 발현할 수 있다. 리더십의 기능은 리더의 최고 덕목으로 명확하면서도 압도적으로 조직 구성원 모두가 공유 가능한 비전을 수립하는 한편 조직 구성원 전부가 열정적으로 비전을 실행할 수 있도록 촉진하는 것이다. 지금 이 부분은 리더가 가장 크게 주목할 보편적 요건인 동시에 리더 각자의 스타일을 초월하여 즉 리더십 스타일에 무관하게 적어도 리더라면 이와 같은 기능을 수행해야 한다.

한편 리더십 스타일*은 기본적으로 서로 다를 뿐만 아니라 관련 기능을 수행할 수 있는 스타일 역시 매우 다양하다. 그런데 바로 이때, 지금까지 우리는 리더 자신만의 특유의 스

----

* 리더십 스타일의 효과를 다음과 같이 요약하여 분석할 수 있다. 첫째, 강압형(commanding)은 조직이 위기에 처하여 있거나 문제 있는 구성원을 다룰 때 효과적일 수 있으나 일반적으로 조직 분위기에 부정적인 영향을 미친다. 둘째, 비전형(visionary)은 조직이 새로운 방향을 모색하거나 변화를 추구할 때 효과적이다. 셋째, 친화형(affiliative)은 조직 내 갈등을 해소하고 구성원 간의 새로운 화합을 추구할 때 유효하다. 넷째, 민주형(democratic)은 다양한 의견을 수렴하고 합의 도출이 필요할 때 유효하다. 다섯째, 목표성취형(pacesetting)은 조직 구성원의 의욕과 능력이 높을 경우에는 효과적이다. 여섯째, 코치형(coaching)은 개인 지도와 피드백을 통하여 능력을 개발하고 의욕을 고취시키는 데 효과적이다. 일반적으로 조직 분위기에 긍정적 영향을 준다.

타일이 있어야 하며 그래야만 자신의 체화된 스타일로 인하여 효율이 있음을 강조하였다. 이처럼 리더들의 각기 다른 특유의 리더십 속에서도 공통적으로 발견되고 도출되는 요소들을 추출하여 6장에서부터 살펴보도록 한다.

PART TWO
2부
금빛 미래

신뢰 기반 진정성 ·264
역할 모험 사례 ·266

제6장

리더십 요소
- 진정성

| 신뢰 기반 진정성

　　　　진정성의 바탕은 신뢰이다. 신뢰 또는 신뢰 부족은 오늘날 조직에서 중요한 이슈로 떠오르고 있다. 신뢰란 조직 또는 공동체 내에서 다른 구성원들이 보편적인 규범에 기초하여 규칙적이고 정직하며 협동적인 행동을 할 것이라는 기대의 총합總合이다. 이 규범은 심오한 '가치'의 문제일 수도 있지만, 한편으로 직업적 규범이나 행동규범까지도 망라한다.

　　　　신뢰는 인간이 공통의 규범을 바탕으로 서로가 서로를 믿고 존중하며 자발적으로 협력하게 한다. 예를 들자면 우리는 의사가 히포크라테스 선서 그리고 의료윤리를 준수할 것으로 기대하기 때문에 의사가 일부러 우리를 해치지 않을 것이라고 신뢰하는 것이다. 그러므로 신뢰는 경제와 사회, 문화를 아우르는 놀라운 가치이다. 만약 신뢰가 미흡하거나 결여되었다면 우리는 매사에 일일이 하나하나 확인과 검토하는 일이 일상의 대부분을 차지하는 불상사不祥事가 일어날 수도 있다.

　　　　리더가 지녀야 할 가장 중요한 요소는 신뢰와 진실을 바탕으로 하는 살아있는 비전이다. 조직의 가치와 조직의 원

대한 포부는 단지 리더 본인이 말을 한다고 공감을 얻는 것은 아니다. 먼저 리더가 솔선수범하면서 반드시 행동으로 실천하고 보여주어야 한다.

효율적이고 효과적으로 조직을 이끄는 리더는 가치와 믿음, 욕망을 강력하게 전달한다. 특히 훌륭한 리더들은 가치와 관련하여 무한대의 열정을 표출하려는 자세로 책무에 임한다. 열정은 신뢰 기반 진정성의 에너지 원천이 된다.

신뢰 기반 진정성의 완결은 실천 및 실행이다. 우리 주위에는 그럴듯한 말과 구상을 펼치면서 그와 관련한 구체적인 청사진은 대체로 전무全無한 경우를 목격하게 된다. 아주 현기증眩氣症이 나는 순간이다. 거의 대부분의 말과 행동이 일치하지 않는 리더는 무자격 리더이다. 그리고 설령 가끔이더라도 매우 중요한 사안事案 내지 결정적 사항에 대한 식언食言의 경우에도 무자격 리더이다.

| 역할 모형 사례

　　월마트의 사례를 보도록 한다. 월마트 주식회사Wal-Mart Inc.는 미국에 본사를 둔 세계적인 유통 업체이다. 1962년 샘 월턴이 아칸소주에 작은 잡화점을 시작한 것에서 월마트의 역사는 시작된다. 본격적으로는 1969년 10월 31일 기업으로 설립하였고, 1972년에 뉴욕 증권거래소에 상장하게 된다.

　　월마트의 창업자이자 최고 리더primary leader인 샘 월튼Sam Walton* 은 가게 하나에서 시작하여 전국 체인망을 갖춘 대형 할인점으로 성장하는 동안 자신이 월마트의 완벽한 역할 모델이 되어야 하며, 또한 그것이 중요하다는 사실을 잘 알고

---

* 세계적인 유통 기업 월마트를 설립한 샘 월튼은 어린 시절부터 많은 아르바이트를 했다. 첫 아르바이트라고 할 수 있는 우유 배달부터 대학 시절 내내 했던 신문 배달에 이르기까지, 그 나이에 할 수 있는 아르바이트를 찾아 열심히 일했다. 그 덕에 대학 시절 내내 학비와 생활비, 용돈까지 스스로 해결할 수 있었다. 스스로 돈을 벌면서 1달러를 벌기가 얼마나 힘이 드는지 늘 마음에 새겼던 샘 월튼은 하루 세 끼를 먹을 수 있고 잠 잘 곳이 있다면 그게 바로 부자라고 감사히 여기게 되었다. 대학 졸업 후 샘 월튼은 유통업에 입문한다. 제2차 세계 대전이 끝나고 미국 경제가 한창 부흥기를 맞던 시대였다. 유통업에 뛰어든 수많은 경쟁자 사이에서 샘이 낸 상점이 연이어 성공한 것은 기적에 가까운 일이었다. 샘은 벤프랭클린 상점을 경영하던 때부터 손님을 끌어들일 만한 다양한 아이디어를 끊임없이 전개하였다. 지역에 따라 판매 계획을 다르게 세우며 다양한 이벤트를 열어 사람들의 주목을 끌었다. 이렇듯 풍부한 아이디어는 샘의 다양한 아르바이트 체험과 책을 통해 얻은 지식에서 나왔다. 다른 매장을 둘러보며 벤치마킹했던 것도 큰 도움이 되었다. 다양한 경험이 차곡차곡 쌓인 샘 월튼만의 판매 비법으로 미국뿐 아니라, 전 세계적인 기업인 월마트를 일구어 낼 수 있었고, 개인의 성공을 넘어 유통업의 역사에 획을 그었다.

있었다. 월튼은 월마트가 검약정신에 기반을 두어야 한다는 경영철학을 견지堅持하였다. 그 결과 긴축 및 효율성이라는 강점 창출이 가능하게 되었다.

　　샘 월튼은 평소 본인의 경영철학을 실천하기 위하여 출장 시 소형차를 고수固守하고, 항공여행 시에도 2등석만 고집하였다. 이사회에도 샌드위치 그리고 감자칩이 전부였다. 심지어 이사진은 코카콜라를 손수 준비해야 할 정도였다. 자판기 커피를 즐겼고, 낡은 픽업 트럭으로 영국 고위관료들을 맞이하기도 하였다. 결론적으로 샘 월튼은 전혀 인위적이지도 일부러 연출하지도 않은 순수 그 자체였다.

　　위에 설명한 월튼과 마찬가지로 당신의 경영철학은 당신의 가치관 및 신념을 반영한 것이어야 한다. 여러 가지 상황 속에서도 리더는 리더의 철학에 따라 본능적으로 행동할 수 있도록 그 가치관과 본인 스스로가 일체화되어야 한다.

PART TWO
2부
금빛 미래

단호한 결정력 · 270
양질의 의사결정 · 271
결정에 대한 책임 · 272

제7장

리더십 요소
- 결정력

| 단호한 결정력

　　　　의사결정능력은 리더에게 요구되는 필수 역량이다. 그런데 100% 확신에 기초한 결정을 내리는 것은 어렵다. 결정을 할 때 결과적으로 실수하는 경우도 발생한다. 그러한 경우에는 반드시 실수를 통하여 값진 경험을 획득하는 순간으로 승화昇華해야 한다. 모토로라Motolora*의 창립자인 폴 갈빈Paul Galvin은 다음과 같이 언급하였다. "실수를 두려워하지 말라. 지혜는 종종 실수에서 얻게 되는 법이다."

　　　　단호하게 결정을 한다는 것이 무조건 변하지 않고 무작정 진행하라는 의미는 결코 아니다. 새로운 환경에 직면을 한다면 당연히 그 상황에 적합한 결정의 변화는 물론이다. 그리고 결정이 이루어졌다면 즉 결정을 내렸다면 실행에 나서는 것 역시 마땅한 일이다.

----

* 모토로라(Motorola)는 반도체와 통신 기기, 각종 첨단 전자 부품 등을 개발, 생산하는 정보 통신 기술 회사이다. 1928년 미국의 폴 갈빈(Paul Galvin)이 설립한 갤빈 제조 회사가 전신(前身)이다. 1950년 애리조나 주에 첫 번째 반도체 공장을 설립하였고, 1960년대 미국 우주 개발 계획에 참여하여 많은 유인, 무인 우주 통신 장비를 개발하였다.

| 양질의 의사결정

　　　　유능한 조직 구성원들이 의견과 아이디어를 펼칠 수 있도록 환경을 조성하면 최고의 의사결정에 근접한다. 부연하지면 능력이 뛰어난 구성원들을 모아 의사결정과정에 참여시킨다면 바람직한 양질良質의 의사결정 도출 가능성이 높아진다.

　　　　한편 의사결정의 과정에서 반대 의견이 나타나는 것은 바람직하다. 중요한 의사결정일수록 건설적인 비판 및 이견異見을 모두 수렴하는 것이 요청된다. 이견으로 말미암아 오히려 사안이 명확하여지고 더욱 유용한 해결책이 도출된다. 이견을 통하여 문제를 더욱 더 치밀하게 파악할 수 있기 때문이다.

　　　　유능한 리더는 의사결정을 가능만 하다면 광범위하게 위임하는 편이다. 각각의 단위별 모든 직급에 능력이 있는 뛰어난 리더들이 포진하고 있는 조직체를 구축하기 위해서는 의사결정을 적정하게 위임해야 한다. 결정을 조직 하부에 맡기면 신속성과 창조성 그리고 책임성을 가질 수 있다. 의사결정을 통하여 자신만의 의사결정역량을 함양할 수 있다.

| 결정에 대한 책임

결과적으로 잘된 결정 및 옳은 결정은 조직 구성원들과 함께 나눈다. 그리고 잘못된 결정은 조직의 최고 책임자가 기꺼이 책임을 져야 한다. 만약에 이와 반대로 행동을 하는 경우에는 존경받기 어렵다. 능력이 탁월한 리더는 본인 스스로가 모든 것에 대한 책임 그리고 책임에 대한 비난까지도 기꺼이 감수甘受한다.

리더는 굳이 스포트라이트를 받을 필요가 없다. 지금 이 문장의 깊은 함의含意를 체감하여야 한다. 약 2500년 이전에 이미 노자는 다음과 같이 언급하였다. "진정한 리더란 아랫사람들이 큰일을 할 수 있도록, 그리고 '마침내 우리가 해냈어'라고 자랑스럽게 말할 수 있도록 동기를 부여하는 사람이다."

PART TWO
2부
금빛 미래

최우선 순위의 업무에 집중 · 276
시간 관리 · 277

제8장

리더십 요소
- 집중력

▎최우선 순위의 업무에 집중

　　　　해야 할 일들은 늘 많다. 우선 수행 업무를 선별하고 제일 중요한 일을 먼저 수행한다. 이와 같은 말을 피터 드러커도 그 본질은 동일하게 이미 갈파喝破하였다. 제일 중요한 일을 끝마칠 때까지는 바로 그 일에 초집중해야만 한다. 그렇다면 지금 이 말이 오직 한 가지 핵심 업무에만 집중하라는 것일까? 그럴 수도 있고 그렇지 않을 수도 있다. 조직이나 기업을 운영하면서 문자 그대로 오직 한 가지 일에만 집중하기는 어려운 법이기 때문이다.

　　　　제일 중요한 일은 세 가지 전후에서 정한다. 좀 더 엄밀하게 말하면 세 가지 이상을 생각하면 곤란하다. 중요한 일이 세 가지 이상이라는 사실은 중요한 일이 없다라고 판단하는 것과 다를 바가 없다. 바로 이때, 주의할 점은 기계적으로 세 가지라는 숫자에만 주목하라는 것이 아니고 최우선 순위 업무라는 본질적 차원에 주목하라는 점이다.

| 시간 관리

　　　　시간을 제외한 다른 자원은 어떻게 해서든지 구할 수 있거나 제조할 수 있다. 그런데 시간은 더 이상 추가적으로 획득하거나 제조할 수가 없다. 왜냐하면 시간이라는 자원은 하루 24시간으로 고정되어 있기 때문이다. 부자富者든지 빈자貧者든지 24시간이라는 시간의 총량은 일단 늘 주어진다. 그런데 동일하게 주어진 24시간 활용의 결과는 매우 다양하게 나타난다.

　　　　할 일은 무한하지만 하루 24시간이라는 시간 총량은 유한하다. 그러므로 이제부터는 "이제 무슨 일을 하지?"가 아니라 "이제 어떻게 시간을 활용하지?"이다. 특히 조직의 리더인 경우에는 할 일이 대단히 많다. 그러나 그것을 모두 다 한다는 것은 거의 불가능하기 때문에 시간관리*는 더욱 중요하다. 모든 일을 처리할 수 있을 정도로 충분한 시간이 확보가 되는 그러한 날은 없으며, 또한 그러한 사람도 없고 앞으로도 없을 것이다.

----

* 시간관리라는 측면에서 모든 종류의 회의는 '결정을 하는' 회의가 되어야 한다. 회의 관련 의제(議題)는 마땅히 사전에 공지되고 심지어 이에 대한 고밀도 대안까지 준비한 이후에 회의가 소집 또는 개최되어야 한다. 회의 참석자 중 무발언 즉 아무런 발언이 없는 경우가 발생해서는 곤란하다.

바로 이 지점에서 우리는 코페르니쿠스적 전환을 시도해야 한다. 시간을 지혜롭게 슬기롭게 잘 활용한다면 지금까지 실감하지 못했던 생산적인 시간의 샘을 발견할 수 있다. 시간의 샘을 발견하고 확보하기 위해서는 하루 24시간의 배분 및 용처 그리고 그 방향을 상세하게 살펴보는 것이 필요하다. 시간을 추적하고 바로 그 시간이 어디에 쓰이는가를 분석해야 한다.

PART TWO
2부
금빛 미래

소통의 활성화 · 282
현장 중시 · 286

제9장

리더십 요소
- 의사소통과 현장중시

| 소통의 활성화

　　　　리더의 의사소통은 동서남북, 전후좌우, 개인적, 전사적全社的, 서면으로, 구두口頭로, 공식적, 비공식적으로 등등 모든 경우 및 모든 방법을 총망라하면서 지속적으로 전개되게 마련이다. 리더가 지녀야 할 필수 요소는 열거하자면 매우 많다. 본서本書에서는 굳이 리더십 요소의 독립된 항목으로 설정하지는 않았지만 비전 및 전략에 대한 일정 수준 이상의 식견識見이 필요하다. 알음알음 즉 알 듯 알 듯 전해지는 내용 중에는 다음과 같은 재미있는 이야기도 있다. 공학을 전공한 창업주 회장께서 직접 투자 가치 관심 소외 지역의 대규모 부지敷地를 낙점落點한 것이다. 그 당시에는 그 누구도 안중眼中에도 그리고 꿈에도 상상하기 어려웠던 시절에 평소의 식견에 기반한 대결단을 내린 것이다.

　　　　기업은 상시적으로 고객과 직원은 물론이고 공급업체, 투자자, 사회와 관계를 형성한다. 여러 가지 관계에서 가장 중요한 것은 중장기에 걸쳐서 우호적이고 건설적인 관계를 맺으면서 돈독한 관계를 유지하는 것이다. 지금 여기서 말하는 관계 구축은 단발적이고 단선적인 이른바 형식적인 관계가 아닌 진정한 의미에서의 관계 맺음을 의미한다.

　　　리더는 어떠한 거래이든지 중·장기적인 긍정적이고 생산적 거래로 관계 맺음하면서 발전시킬 수 있는 기회로 만들어야 한다. 이때 진정성은 기본 바탕이다. 진정성을 필자의 방식대로 풀이하면 다음과 같다. 진심과 정성이 합체合體가 되면 비로소 진정성이 되는 것이다. 누구나 진정성을 운운하지만 진짜 진정성*은 쉬운 일이 아니다. 즉 진정성이 결여된 관계 구축은 사상누각沙上樓閣이다.

　　　관계 구축에서 소통은 공기이며 물과 같은 존재이다. 우리는 소통을 잘 한다고 생각하지만 진정한 소통이 아닌 경우도 일상에서 자주 만나게 된다. 근엄하고 형식적인 태도로 소통이 원활하게 될 가능성은 희박하다. 직원이 쉽게 접근할 수 있도록 직함은 생략하고 단지 이름만 부르는 것도 그 보기가 될 수 있다. 바로 이 보기 내지 예시는 지금으로부터 약 30년 전에도 학계와 산업계에서 이미 등장했던 내용이다.

---

* 감정을 이입할 줄 아는 리더는 리더십의 전제 조건인 진정성을 바탕으로 소통할 뿐만 아니라 단지 리더 역할을 수행하는 것 이상의 모습을 보여준다. 조직 구성원들은 업무상의 의무만 다하면 된다는 식의 리더에게 헌신하지 않는다. 구성원들은 리더에게 그 이상의 모습을 바란다. 간헐적으로 보여주는 진정성의 표출은 결코 진정성이 아니다.

2022년 5월 기준으로 우리나라의 초일류기업의 최고위 임원급에서도 직함을 생략하고 곧바로 이름만 불러달라는 주문을 공식적으로 요청한다. 이때 최고위 임원 본인의 진정한 취지를 제대로 살리려면 '경영 전반의 그리고 부수적 특권' 중에서도 전체는 아니어도 최소 일정 부분 이상을 과감하게 포기하는 실천이 동시 병행되어야만 한다. 이러한 포기 없이 단지 이름으로만 곧장 불러달라는 요청은 실효성이 반감된다.

우리나라의 주요 기업들의 비약적 도약은 괄목할 성장을 이루었지만 그에 비해 실질적인 고객과 직원과의 관계와 소통은 여전히 부족하다. 물론 외형적인 제도는 시행하고 있다지만 현실적으로 문제가 발생하면 바로 그때 또 다른 모습을 보게 되는 일은 그리 어렵지 않다. 다음의 예시는 결정적인 시사점을 우리에게 말하여 주고 있다.

IBM의 CEO였던 토마스 J. 왓슨 주니어는 전통적으로 그 유명한 '터놓고 이야기하기 Open Door Policy'를 확고하게 실천하였다. 그의 지론持論은 다음과 같았다.

'터놓고 이야기하기'는 1920년대 초부터 IBM을 창립하신 아버님께서 추구하여 온 방식이다. 불만이 있는 직원들은 제일 먼저 상사에게 불만을 토로(吐露)한다. 하지만 그렇게 하여도 불만이 해소되지 않으면 그들은 나에게 직접 찾아와 불만을 말한다. 단 한 번만 불만을 말해도 경영 방식에 상당한 변화를 가져왔다.

심지어 불만 사항을 관리하기 위하여 전담자를 선발하기까지 하였다. 최고경영자에게 불만을 말할 수 있다는 기업 문화는 토마스 J. 왓슨 주니어에 의하여 지속되었다.

| 현장 중시

'우문현답'이라는 말이 있다. 여기에서는 우문현답이 우문현답愚問賢答이라는 개념이 아닌 "우리의 문제는 현장에 답이 있다."에서 각 어절語節의 앞의 첫 글자만을 간추려 모은 것을 '우문현답'으로 표현한 것이다. 현장과 유리遊離된 각종 이론과 정책은 아무리 현란絢爛하여도 결국은 공허하다. 리더의 현장 중시重視는 아무리 강조하여도 지나침이 없고 오히려 부족하다.

고객 그리고 직원의 현장은 기업 또는 조직체 성장의 베이스캠프이다. 1895년 National Cash Register^{NCR}의 사례를 보도록 하자. NCR의 창립자인 John Patterson은 시간제 직원들의 아이디어를 모으기 위하여 제안상자$^{Suggestion\ Box}$ 프로그램을 처음으로 채택하여 사용하였다. 이때부터 회사가 직원의 창의성 개발 방법으로 '제안상자'에 대하여 주목을 하기 시작하였다. 이 프로그램은 그 당시 입장에서는 대단히 혁신적인 것으로 여겨졌다.

제안상자가 1895년부터 시작되어 2022년까지 약

127년이 경과되었다. 그리고 지금도 지속적으로 존재하고 있으며 또한 널리 활용되고 있다. 대형 유통업체에 방문하면 '고객 의견 카드' 제도가 시행되고 있음을 확인할 수 있다. 그런데 공통적으로 나타나는 아쉬운 점은 설문 구성의 내용은 물론이고 피드백 절차 등 곳곳에서 보완할 점이 은은하게 많다는 것이다. 무려 127년이 경과된 제도이지만 지금도 내용 및 형식 측면에서 고객 의견 카드의 완성도와 그 운영의 충실도는 여전히 늘 배고프다. 최소 2%는 부족하다.

고객의 시야視野에서 쉽사리 발견이 되지도 않고 고객이 작성해야 할 유인誘因도 거의 없기 때문이다. 그리고 일부 조직체만이 현장 중심의 고객 가치 관련 부서를 총수 또는 CEO 직속으로 설치하고 운영하고 있다. 결론적으로 리더십의 부분적 구성 요소는 '현장'에서 출발해야 해야 한다. 조직 운영의 답은 바로 현장에 있기 때문이다. 요컨대 필요한 해답은 '현장'이라는 울타리 안에 모두 있다.

PART TWO
2부
금빛 미래

제10장

리더십 요소
- 진취성

| 도전적 성취

슘페터Schumpeter는 일찍이 1930년대 중반에 보다 새롭고 더 혁신적 기술로 현재의 기술과 일의 수행 방식을 대체하는 '창조적 자기파괴'의 기업가정신entrepreneurship을 강조하였다. 무려 80년이 경과된 지금 시점에도 그 본질은 여전히 살아 숨쉬고 있다.

이러한 가운데 오늘날 기업을 포함한 모든 조직체의 핵심적인 화두話頭는 지속경영sustainable business이다. 지속경영*을 위해서는 창조적 파괴의 기업가정신은 물론이고, 조직 스스로 존재의 이유를 성찰적으로 자문자답自問自答할 수 있어야 한다. 그리고 바로 이때 비전과 미션의 재정립 및 목표와

---

* 지속경영 내지 지속가능경영(corporate sustainability management)은 경제적 신뢰성, 환경적 건전성, 사회적 책임성을 바탕으로 지속가능발전을 추구하는 경영을 가리키는 말이다. 기업이 경제적 성장과 더불어 사회에 공헌하고 환경문제에 기여하는 가치를 창출하여 다양한 이해관계자의 기대에 부응함으로써 기업가치와 기업경쟁력을 높여 지속적인 성장을 꾀하는 경영활동인 것이다. 2000년대에 진입하면서 경제성장이 어느 정도 이루어지고 환경과 사회적 문제에 대한 관심이 사회 전반에 확산되면서 기업의 사회적 책임에 대한 요구가 급격히 증가하자 지속가능경영 패러다임이 대두하였다. 지속가능경영은 제품의 품질이나 가격정책, 마케팅 전략을 통한 수익증대라는 경영의 전통적인 가치 외에 경영투명성과 윤리경영을 강조하고, 기업의 경영범위를 벗어난다고 여겨졌던 사회발전과 환경보호에 대한 공익적 기여를 중시한다. 이는 단순히 기업이 사회적 책임을 나누는 차원이 아니라 경제적·사회적·환경적 책임을 통해 다양한 이해관계자와 협력과 합의, 그리고 공생하는 길을 모색해야 기업의 생존과 성장도 가능하다는 문제의식에서 비롯된 것이다.

전략의 수정이 요구될 수도 있다.

업무와 과업 수행 시 무한도전 자세로 지속적으로 전진해야 한다. '열심히 일을 하는 것'과 '일중독'은 서로 다른 개념이다. 단지 일에 투입하는 시간 분량만의 문제는 아니라는 사실이다. 부단히 노력하고 끊임없이 신기술을 배우고 익혀야 한다. 일신우일신日新又日新 즉 날마다 새로워진다는 이른바 나날이 발전해야 함이 요구된다. 결국 도전이 없이는 성취도 없다.

이와 더불어 진정으로 특출特出난 리더가 되고자 한다면 지속적으로 자기갱신self-improvement에 노력을 기울여야만 한다. 단점을 지적 받게 된다면 거의 대부분의 경우는 일단은 기분이 상한다. 그렇지만 입에 쓴 약이 몸에 좋은 것과 같이 리더 자신의 단점에 대한 피드백은 필요하다. 단점 개선은 자기갱신의 필수적인 부분집합이다.

PART TWO
2부
금빛 미래

제11장

리더십 요소
- 비전

| 리더와 비전

비전*이란 조직 또는 기업이 추구하는 장기적 목표와 바람직한 미래상을 뜻한다. 명확한 비전 설정은 조직에 목표의식과 의미를 부여하고, 사업의 전략 방향과 조직 운영의 행동 기준을 제시하며, 조직 구성원의 동기부여와 조직 활성화에 기여한다. 비전이 명확한 조직은 조직 구성원들이 확고한 공유가치와 목표의식에 입각하여 일사분란하게 행동함으로써 조직역량이 결집되고 중·장기적으로 성과 개선을 이룩할 수 있다.

조직 구성원의 변화 없이는 조직 변화가 불가능하다. 새로운 방향과 목표의 제시를 위해서는 미래지향적이고 정합적인 비전의 수립 그리고 공유와 더불어 구체적인 실천이 수반되어야 한다. 비전vision은 조직의 바람직한 미래 상황을 묘사한 것으로 일반적으로는 조직이 달성하고자 하는 것을 의미한다. 즉 비전은 미래에 기업이 달성하고자 하는 모습을 이미지

----
* 비전은 추상적 구호가 아닌 조직 구성원들의 의식과 행동에 영향을 미칠 수 있어야 한다. 효과적 비전은 다음과 같은 특징이 있다. 미래에 대한 매력적 그림을 제시하고 희망을 주어야 하기 때문에 조직 구성원의 의욕을 고취시키면서 마음을 사로잡아야 한다. 도전적이며 실현성이 있는 가운데 간명(簡明)해야 한다.

화한 것으로, 향후 우리 기업의 미래상이며 조직 구성원의 공감대가 된다.

요컨대 '비전'은 리더와 조직을 움직이는 원동력이며 방향을 알려주는 등대가 된다. 이때 주의할 점은 실행 기반 비전의 수립이 중요하다는 점이다. 인사 조직 분야의 저명한 교수인 페퍼와 서튼은 훌륭한 강점을 지닌 기업이 그 강점을 발휘하지 못하는 이유를 다음과 같이 설명한다. 가장 중요한 이유는 말만 하고 실행을 하지 않는 경우였다. 풍성한 언어의 성찬盛饌은 지루하기만 한 말잔치일 뿐인 것이다. 즉 '말talk만 하는 폐단弊端'으로 명명命名한 것이다.

과녁의 색깔을 교체해줄 비전vision이 리더이다. 이 문장의 의미는 비전이 리더를 인도引導하기 때문에 매우 중요하다는 뜻을 내포內包한 것이다. 비전은 길을 밝히는 등불이다. 비전을 지닌 탁월한 리더가 명심할 내용은 다음과 같다.

첫째, 비전은 내면에서부터 나오는 것이다. 그러므로 비전을 구입하거나 임대 또는 임차를 할 수가 없다. 만약 비전이 없다면 자신을 성찰하라. 타고난 재능과 소망을 그려보라.

비전이 있다면 자신의 소명을 살펴보아야 할 것이다. 이렇게 하여도 자신의 비전을 찾을 수가 없다면 자신에게 영향을 주는 비전을 가진 리더를 찾아 그의 파트너가 되어라.

둘째, 비전은 우리의 이력履歷을 그린다. 비전은 진공 상태에서 나오는 신비로운 것이 아니다. 리더와 리더 주위의 사람들의 이력에서 성장한다. 어느 리더라고 하여도 함께 대화를 나누어본다면 바로 그 리더의 비전을 형성하게 된 과거의 중요하거나 결정적인 계기와 사건을 들을 수 있을 것이다.

셋째, 비전은 남에게까지도 필요한 것을 채우면서 저 멀리까지 미친다. 그것은 한 개인이 성취할 수 있는 것 이상을 뛰어넘는다. 다른 사람들을 품는 이상의 역할을 하게 되는 것이다.

넷째, 비전은 자원 확보에 도움을 준다. 비전이 가져다주는 혜택 중 가장 큰 것은 마치 자석처럼 무언가를 끌어당긴다는 것이다. 리더의 비전은 조직 구성원을 응집하게 하면서 또한 도전 과제를 주면서 하나로 결속하게 한다. 재정은 물론이고 각종 다른 자원의 확보에 기여한다. 비전에 부딪히는 도전이 많을수록 그것을 성취하기 위하여 더욱 더 고밀도 대응을 펼치게 한다.

변화에 성공한 기업들은 추진 세력들이 고객, 주주, 구성원 등 모든 이해관계자들에게 호소력이 있는 미래 비전을 제시하였다. 비전을 통하여 조직이 추구해야 할 방향을 분명히 파악할 수 있다. 비전의 초안은 대체로 초기에는 어느 한 사람에 의하여 마련될 가능성이 크기 때문에 다소 불분명할 수도 있지만, 시간 경과에 따라 비전이 구체화되면서 이상적이고 현실적 설득력을 지닌 명확한 비전이 탄생한다. 만약 5분 이내에 다른 사람들에게 비전을 설명할 수 없거나 상대방의 이해와 흥미를 이끌어낼 수 없다면 비전 창출의 과정이 제대로 이루어지지 않은 것이다.

비전 수립의 과정은 일반적으로 다음과 같은 차원에서 이우어져야 한다. 첫째, 최고경영자의 경영철학과 의지 및 방향이 반영되어야 한다. 둘째, 사업환경* 분석과 미래 전망

---

* 사업환경과 관련한 분석 방법은 다양하고, 그중에서 SWOT분석이 광범위하게 사용된다. 스왓분석의 골자는 다음과 같다. 우선 외부 분석(external analysis)으로 외부 환경의 기회 요인과 위협 요인을 파악한다. 그리고 내부 분석(internal analysis)으로 기업 내부의 강점 및 약점을 분석한 이후 전략적 대안을 도출하는 분석방법이다. 그런데 스왓분석을 지금도 2x2 Matrix, 즉 네모 덩어리 4개 정도로만 인식하는 것은 대단한 오류이다. 왜냐하면 스왓분석의 목적은 '경쟁우위 확보를 위한 최적화된 전략적 대안의 도출'에 있기 때문이다. 부연하여 설

등을 포함한 전략적 분석이 토대가 되어야 한다. 셋째, 조직 구성원의 열정과 희망이 투영되어야 한다. 그리고 전사적全社的 공감대 형성의 관점이 바탕이 되어야 한다.

바야흐로 모든 조직은 비전 기반의 전략 및 계획이 필요하다. 경쟁우위가 내포된 전략적 차원의 차별화된 전략과 계획이 결여되었다면 외형적 성장과 무관하게 내적으로는 조직의 핵심 경쟁력이 표류하고 있는 것이다. 눈앞의 이익에 심취하여 좀 더 큰 실효實效적인 비전 및 목적을 망각하는 셈이다. 비전과 계획은 우리와 우리가 몸담고 있는 조직에 대하여 더욱 큰 목적을 상기想起시킨다. 결론적으로 비전 및 계획의 중요성은 아무리 강조하여도 지나치지 않다.

명하자면 단순한 2x2 Matrix의 평면적인 모습으로는 '전략적 대안(Strategic Option)'이 자리 잡을 '위치'에 대한 배려 자체가 처음부터 없기에 정합성(正合性)에 어긋난다. 한편 스왓분석을 계량적·수리적 차원의 모형까지로도 발전시킬 수 있음에 주목해야 한다.

참고 문헌

Cohen, H. B. 2019. An Inconvenient Truth about Leadership Development. *Organizational Dynamics*.

Colquitt, J. et al. 2011. *Organizational Behavior*. McGraw-Hill.

Creiner, S. 2000. *Business the Rupert Murdock Way*. Amacom.

Daft, R. 1999. *Leadership*. The Dryden Press.

Drucker, P. F. 2000. The *Organization of the Future*. Jossey-Bass.

Drucker, P. F. 1999. *Management Challenge for the 21st Century*. Harper Business.

Drucker, P. F. 1998. The Discipline of Innovation. *Harvard Business Review*.

Duffy, M. K. et al. 2018. Consequences of Downward Envy. *Academy of Management Journal*.

Forbes. 2018. *The Confidence Gap*. Apr. VIII.

Forbes. 2010. *Using Intuition in Your Business Plan*. Sep. XX.

Gardner, H. 1996. *Leading Minds*. Harper Collins.

George, B. 2003. *Authentic Leadership*. Jossey-Bass.

Goleman, D. et al. 2002. *Primal Leadership*. HBSP.

Goleman, D. 2000. Leadership That Gets Results. *Harvard Business Review*.

Goodwin, D. K. 2018. *Leadership*. Simon & Schuster.

Hackman, J. Richard, and Wageman, Ruth. 2005. A Theory of Team Coaching. *Academy of Management Review*.

Henry, C. 2009. *Integrity : The Courage to Meet the Demands of Reality*. Harper Business.

Hitt, Michael A. et al. 2021. *Strategic Management*. Oxford University Press.

Howell, J. et al. 2005. The Role of Followers in the Charismatic Leadership Process. *Academy of Management Review*.

Kinicki, A. 2022. *Organizational Behavior*. McGraw-Hill.

Kotter, J. 1990. *A Force for Change*. The Free Press.

Lomine, L. et al. 2022. *Understanding Strategic Management*. Oxford University Press.

Quick, J. et al. 2013. *Principles of Organizational Behavior*. South-Western Cengage.

Quinn, R. 1996. *Deep Change*. Jossey-Bass.

Schoemaker, P. J. H. et al. 2013. Strategic Leadership. *Harvard Business Review*.

Tshkay, K. O. et al. 2018. Charisma in Everyday Life. *Journal of Personality and Social Psychology*.

Pakistan Economic & Sociocultural Forum

<한국 · 파키스탄 / 파키스탄 · 한국>, 양국의 공동 성장 발전을 위한 경제, 사회, 문화 등의 각 분야별 기업 협력 및 교류, 신사업 추진, 전략적 마케팅, 혁신변화관리 및 핵심역량 도출, 기업의 사회적 책임 활동, 컨슈머 인사이트, 컨설팅, 리서치, 진단평가를 2022년 9월 1일부터 시작합니다. 이에 대한 여러 의견과 고견 그리고 다양한 제안을 수렴하면서 실행할 예정입니다.

본 포럼은 4차 산업혁명시대The 4th Industrial Revolution Era의 ICT 융합기술 및 디지털 전환Digital Transformation의 메가트렌드를 반영합니다. 단선적인 단일방향의 진행을 탈피하여 양방향적이고 통섭적인 시스템을 통한 시장지향의 전략적 대안을 도출합니다.

참여 기업과 기관·단체 그리고 스타트업 1인 기업까지도 모두 포함하여 함께하는 상생 발전의 장場이며 터전이 되도록 최선의 노력을 경주傾注하겠습니다. 특히 파키스탄 권역의 사업 실무와 파키스탄 사업 시 핵심이슈와 체크 포인트 그리고 프로세스에 대한 이해와 실무역량을 제공합니다. 많은 참여를 희망합니다.

각종 문의 및 관련 사항에 대한 문의처는 다음과 같습니다.

한국-파키스탄 경제교류협회　회장 **유희종**
주한 파키스탄 문화원　원장 **유희종**
+82-2-853-1003
paspi@naver.com

ASIA Next
Junior Leaders Program

2022학년도 2학기부터 국내 거주 아시아 권역 학령기 학생 및 학부모가 동시 참여하는 'ASIA Next Leaders Program'을 ASIA Research Institute ARI · 아시아연구원의 주요 사업으로 시작합니다. 본 프로그램의 참여 희망자는 소정의 절차를 통해 전체 과정을 함께합니다.

ASIA Research Institute는 아시아 권역의 교육, 과학, 문화의 함양 및 확산 그리고 실용적 적용을 위하여 2022년 5월 15일 설립되었습니다. ASIA Research Institute ARI 즉 아시아연구원은 아시아의 유네스코 UNESCO · United Nations Educational, Scientific and Cultural Organization · 유엔교육과학문화기구 기능을 수행함으로써 아시아의 공동 발전과 번영의 미래좌표를 제시하고 실천합니다.

한편 본 프로그램인 'ASIA Next Leader Program'의 핵심은 다음과 같습니다. 참여 조건에 합당한 학령기 학생들의 꿈과 소양 그리고 바른 품성과 리더십을 갖춘 즉 인성 및 역량이 충만한 4차 산업혁명시대의 차세대 미래인재 육성 프로그램으로 학부모님의 공동 참여도 가능합니다. 진로와 진학 그리고 미래 설계의 새로운 지평을 펼칠 것입니다. 따라서 참가 학생들은 학업역량과 진로역량 그리고 공동체역량을 갖추면서 차세대 창의융합형 인재로 발전할 것입니다.

교육은 미래를 준비하는 최고의 실천적 대안입니다. 개별 참가자들의 특화된 상호 나눔 교육을 통한 교육의 심화형 체화과정도 병행함으로써 교육의 역동성을 확대할 것입니다. 본 프로그램은 배움터, 삶터, 일터, 꿈터에서의 필수적인 지식과 지혜와 더불어 통찰력을 함양하는 참여형, 성취형, 자기주도형 프로그램입니다. 많은 관심과 지원 그리고 참여를 희망합니다.

각종 관련 사항에 대한 문의처는 다음과 같습니다.

ASIA Research Institute(ARI·아시아연구원) 원장 **황재민**
+82-2-853-1003
platinumrule@daum.net

프로그램 예시 / In Korea

AI·NFT·Metaverse Class

전국의 초·중·고등학교 재학생 및 학부모님을 대상으로

소망하는 교과 및 비교과 등과 관련한

학생 및 학부모님의 여러 가지 스토리를 공유하며

동시에 함께 성장하고 발전하는

<인공지능·NFT·메타버스 아카데미> 양방향 소통 특강에

많은 관심과 참여를 바랍니다.

* 본 프로그램은 국내 진행 프로그램임.
* 본 프로그램의 취지에 부합하는 절차를 충족해야 함.
* 본 프로그램은 해외海外 이주移住 배경背景이 필수 조건임.
* 본 프로그램은 각종 여건과 상황에 따라서 일정 부분 조정 가능함.

각종 관련 사항에 대한 문의처는 다음과 같습니다.

ASIA Research Institute(ARI·아시아연구원)

+82-2-853-1003

paspi@naver.com

프로그램 예시 / In Korea

The 4th Industrial Revolution Focused Career Class

01	SELF-ANALYSIS MODEL
02	DECISION-MAKING & MAPPING MODEL
03	THREE CATEGORY MODEL
04	BIZ & TECHNICAL WRITING
05	PERSONAL STATEMENT & BIZ PLAN
06	PERSONAL CONSULTING
07	NEW TREND
08	WHY NOT ME
09	PERSONAL CONSULTING
10	SEARCH MY CORE COMPETENCY
11	CONTEST
12	CONTESTS BASED FINAL UPGRADE

각종 관련 사항에 대한 문의처는 다음과 같습니다.

ASIA Research Institute(ARI·아시아연구원)

+82-2-853-1003

paspi@naver.com

프로그램 예시 / In Korea

Career Development
Personal Records & Document Asessment

Start Clinic

Customized Clinic

Buzzer Beater Clinic

Final Edition Clinic

On Demand Clinic

etc.

Example		
01	PS	Screening
02	PS	Diagnosis
03	PS	Prescription
04	PS	Final Completion

각종 관련 사항에 대한 문의처는 다음과 같습니다.

ASIA Research Institute(ARI·아시아연구원)

+82-2-853-1003

paspi@naver.com

| 출간후기 |

정(情)과 희망의 나라,
파키스탄과 함께하는 발전을 꿈꾸며

권선복 | 도서출판 행복에너지 대표이사

아시아 서남부에 위치한 공화국인 파키스탄은 중국, 인도, 아프가니스탄, 이란과 국경을 맞대고 있으며 옛날부터 동서 아시아의 다양한 문화교류의 교두보가 되어 왔던 지역입니다.

이 책 『슈클리아! 파키스탄 & 금빛 미래』는 ARI 아시아연구원 황재민 원장과 주한파키스탄문화원 유희종 원장, ㈜엠엠씨피플 권용순 자문위원이 힘을 합하여 미래의 가능성과 젊음을 가진 땅, 파키스탄의 경제, 문화, 사람을 소개하는 한편, 진정한 리더십이란 무엇인지 조목조목 설명하면서 파키스탄에 진출을 꿈꾸는 한국의 기업가들에게 많은 도움이 될 만한 정보와 함께, 파키스탄이라는 나라에 대해 관심을 가진 일반 독자들에게도 흥미진진하고 생생하며, 이국異國에 대한 막연한 편견을 깨는 다양한 이야기를 전하고 있는 책입니다.

제1부 '파키스탄'은 미국이나 유럽 국가들에 비해 상대적으로 가까이 있음에도 불구하고 우리에겐 낯설고 어렵게 느껴지는 나라, 파키스탄의 모습을 생생하면서도 친근하게 전달합니다. 특히 이 장을 집필한 유희종 주한파키스탄문화원 원장과 권용순 ㈜엠엠씨피플 자문위원은 오랫동안 파키스탄에 머무르면서 다양한 사람들을 만난 바 있으며, 이러한 경험을 통해 독자들은 사람과 사람 사이의 정情이 살아 있으며 평균 연령 22세로 미래에 대한 젊은 희망이 숨 쉬는 나라 파키스탄과 파키스탄에 부는 한류 바람을 생생하게 느낄 수 있을 것입니다.

한편 제2부 '금빛 미래'는 이 책을 읽게 될 리더들을 위해 리더십의 정의, 앞서간 리더들이 남긴 교훈, 리더십에 필요한 요소 등에 대해 간결하면서도 이해하기 쉽게 서술하고 있습니다. 희망의 땅 파키스탄에 대한 생생한 지식과 기업조직을 혁신하는 리더십의 힘, 이 두 가지를 통해 한국과 파키스탄이 'WIN-WIN'하며 '금빛 미래'로 나아가고자 하는 것이 이 책의 저술 의도라고 할 수 있을 것입니다.

'파키스탄'과 '리더십', 두 개의 키워드를 통해 '금빛 미래'를 이야기하는 이 책 『슈클리아! 파키스탄&금빛 미래』가 많은 독자분들의 가슴속에 금빛 비전을 심어줄 수 있기를 희망합니다!

3시간 안에 배우는
4차 산업혁명 에센스

이호성, 경갑수, 황재민(대표저자) 지음

・
인공지능의 유토피아, 디스토피아
어디까지 아시나요?

・
5G가 아니면 완전 자율주행운전이
안 된다는 사실을 아시나요?

・
블록체인 논문이 노벨(Nobel)상 후보
지명 논문이었던 사실을 아시나요?

좋은 원고나 출판 기획이 있으신 분은 언제든지 행복에너지의 문을 두드려 주시기 바랍니다.
ksbdata@hanmail.net   www.happybook.or.kr   문의 ☎ 010-3267-6277

'행복에너지'의 해피 대한민국 프로젝트!

〈모교 책 보내기 운동〉 〈군부대 책 보내기 운동〉

한 권의 책은 한 사람의 인생을 바꾸는 힘을 가지고 있습니다. 한 사람의 인생이 바뀌면 한 나라의 국운이 바뀝니다. 그럼에도 불구하고 많은 학교의 도서관이 가난하며 나라를 지키는 군인들은 사회와 단절되어 자기계발을 하기 어렵습니다. 저희 행복에너지에서는 베스트셀러와 각종 기관에서 우수도서로 선정된 도서를 중심으로 〈모교 책 보내기 운동〉과 〈군부대 책 보내기 운동〉을 펼치고 있습니다. 책을 제공해 주시면 수요기관에서 감사장과 함께 기부금 영수증을 받을 수 있어 좋은 일에 따르는 적절한 세액 공제의 혜택도 뒤따르게 됩니다. 대한민국의 미래, 젊은이들에게 좋은 책을 보내주십시오. 독자 여러분의 자랑스러운 모교와 군부대에 보내진 한 권의 책은 더 크게 성장할 대한민국의 발판이 될 것입니다.